东盟教育研究

ASEAN UNIVERSITY CONSTITUTION AND MANAGEMENT SYSTEM

东盟国家大学章程及管理制度

任初明 主编

北京理工大学出版社
BEIJING INSTITUTE OF TECHNOLOGY PRESS

版权专有　侵权必究

图书在版编目（CIP）数据

东盟国家大学章程及管理制度/任初明主编. --北京：北京理工大学出版社，2021.8
ISBN 978-7-5682-7040-3

Ⅰ.①东…　Ⅱ.①任…　Ⅲ.①东南亚国家联盟-高等教育-研究　Ⅳ.①G649.33

中国版本图书馆CIP数据核字（2021）第159871号

出版发行 / 北京理工大学出版社有限责任公司	
社　　址 / 北京市海淀区中关村南大街5号	
邮　　编 / 100081	
电　　话 / （010）68914775（总编室）	
（010）82562903（教材售后服务热线）	
（010）68944723（其他图书服务热线）	
网　　址 / http://www.bitpress.com.cn	
经　　销 / 全国各地新华书店	
印　　刷 / 三河市华骏印务包装有限公司	
开　　本 / 710毫米×1000毫米　1/16	
印　　张 / 17.5	责任编辑 / 徐艳君
字　　数 / 235千字	文案编辑 / 徐艳君
版　　次 / 2021年8月第1版　2021年8月第1次印刷	责任校对 / 周瑞红
定　　价 / 92.00元	责任印制 / 李志强

图书出现印装质量问题，请拨打售后服务热线，本社负责调换

本书编委会

主　编：任初明

副主编：侯尚宏

成　员：（排名不分先后）

　　　　罗　懿　李　碧　黎阳阳　蒲丽灵　黄丹梅

　　　　李坤梅　卢宏洁　张少丹　蒙　璇

目 录

上编　东盟国家大学章程

一、新加坡国立大学章程 ………………………………… 003
二、南洋理工大学章程 …………………………………… 038
三、泰国朱拉隆功大学章程 ……………………………… 049
四、泰国玛希隆大学章程 ………………………………… 070
五、泰国法政大学章程 …………………………………… 092
六、泰国清迈大学章程 …………………………………… 118
七、越南河内百科大学章程 ……………………………… 140
八、越南胡志明市国家大学章程 ………………………… 184
九、缅甸仰光大学章程 …………………………………… 190

下编　东盟国家大学管理制度

十、新加坡管理大学法案 ………………………………… 209
十一、印度尼西亚大学管理制度 ………………………… 213
十二、老挝国立大学管理制度 …………………………… 240
十三、柬埔寨理工大学内部管理条例 …………………… 256
后记 ………………………………………………………… 270

上编
东盟国家大学章程

一、新加坡国立大学章程

第一章 释 义

第一条 在所有的章程（定义见下文）和条例（定义见下文）中，未定义的首字母为大写字母的术语均与《联合会章程》（定义见下文）中的含义相同，除非上下文另有规定。下列词汇的含义为：

"学术单位"是指所、系、部门、中心、项目，或者学校的其他教学和研究单位。

"学年"是指始于第一学期首日、结束于下一学期首日前一天的时间段。

"《联合会章程》"是指新加坡国立大学联合会的备忘录和条款。

"日"是指公历日。

"学部"或"学院"是指按照第三章而随时成立的校内学部或学院。提及"学部"应包括"学院"。

"规则"是指由校长或评议会遵照章程随时制定的规定和程序。

"研究所"是指按照第四章和规则而成立的校级研究所或研究中心。

"特殊建制的学院"是指按照第三章而随时成立的隶属于学校的特殊建制的学院，具有各自的规章。

"章程"是指由学校董事会随时制定或修订的学校章程。

"学生"是指：

（一）为获得本校学位或学历而注册的，未毕业、未退学、未达到相关学位或学历的要求，或者依照第六章的纪律处分程序未被开除的人；

（二）为了在本校学习而注册，而不是为了学位或学历，未完成学习阶段、未退学，或者依照第六章的纪律处分程序未被开除的人。

第二条　章程中表示集体名词的单词，单复数意思相同。章程中的"他"指代男性和女性。

第三条　任何章程或规则中，任何规定的旁注或标题不得以任何方式加以变动、限制，或者延伸对任何章程或规则的解释。

第四条　在解释任何章程或规则时，应考虑其精神、意图及制定的目的。

第五条　凡符合《联合会章程》的规定，学校董事会可在有必要或有利时，为了妥善管理事务或履行学校职能而随时制定、修订或撤销学校的章程，只要这些章程所规定事项的管辖权为评议会，且仅能在评议会同意的情况下才可被制定、修订或撤销。

第六条　凡符合相关章程的规定，校长可在有必要或有利时，为了妥善管理事务或履行学校职能而随时制定、修订或撤销学校的规则，而所叙述或提供的事项在评议会管辖范围内，可以由评议会制定、修订或撤销规则。

第七条　如果出现：

（一）任何与《联合会章程》不一致的章程；

（二）任何与《联合会章程》或章程规定不一致的规则；

《联合会章程》或章程的规定成立，而章程或规则中与其不一致的规定则无效。

第二章　评议会和评议会委员会

评议会

第一条　根据《联合会章程》的规定，校长是评议会的成员兼主席，评议会的成员还应包括：

（一）自动获取资格的成员：

常务副校长；

教务长；

副校长（负责研究和技术）；

常务副教务长和副教务长；

负责研究的主任；

负责生命科学的主任；

学院或特殊建制学院的院长和副院长，或其等同者；

负责招生的院长；

负责学生事务的院长；

学术单位的负责人；

研究所主任；

所有终身全职教授；

（二）评议会常务委员会成员：

不属于上文（一）的评议会常务委员会的其他所有成员；

（三）选举成员：

由评议会成员选举的其他十位成员。

第二条 在不破坏《联合会章程》规定的普遍适用性的条件下，评议会的权力应为：

（一）设立、组织、重命名和解散学院或学术单位；

（二）制定、审查和终止学术项目；

（三）规范纳入学习项目的学生的入学资格，以及他们在学习过程和考试中的出勤和连续性；

（四）任命并指导考官和考试委员会，并监督考试；

（五）授予、剥夺或撤销学位、学历、证书以及其他荣誉标志；

（六）设立、审查和授予助学金、研究奖学金、学习奖学金、奖项和奖章；

（七）按照规则规定的标准，在审定荣誉学位和名誉教授提名委员会的报告后，颁发荣誉学位和名誉教授称号；

（八）对属于不同学习项目的毕业生，规定其学位服和不同学位的颜色标志；

（九）设立、组织、重命名和解散研究所。

第三条 评议会应于每学期定期召开一次会议，以听取所有常务委员会和特别委员会的报告。

评议会常务委员会

第四条 对于在两次评议会定期会议间隔发生的、需要评议会出面解决的事务，评议会应将其权力和职责授予评议会常务委员会，其中应包括：

（一）自动获得资格的成员：

校长，应负责主持评议会常务委员会；

常务副校长；

教务长；

学院或特殊建制学院的院长，或者其等同者。

（二）通过选举产生的成员：

由每所学院或特殊建制学院的副院长、学术单位负责人、终身全职教授在本学院内部选举产生一名成员；

由评议会中不担任院长、副院长或学术单位负责人的终身全职教授在其内部选出十五名终身全职教授；

由全校范围内不是院长、副院长、学术单位负责人或终身全职教授的终身制教师选出十名终身制教师。

（三）指定成员：

由校长任命的不超过十二位学校其他管理人员。

第五条 根据第四条授权的一切权力或职责既应继续属于评议会，也应归属评议会常务委员会。

第六条 根据第四条，一旦被授权，常务委员会不能随意修改评议会所承担的义务和行使的权利。

第七条 只要评议会常务委员会的相关备忘录或通知在公示的十四天

内未被评议会的特别会议所否定，评议会常务委员会的所有行动和决策就完全有效。

职务的任期

第八条 评议会和评议会常务委员会成员的职务任期如下：

（一）自动获得资格的成员应继续留任，且仅在他们具有职务的期间继续其成员任期；

（二）通过选举产生的成员，其任期最多达两学年，但不能连任超过两次；

（三）被指定的成员，其任期由校长确定；

（四）不符合第四条第（一）款至第（三）款中的任何规定的个人，不应成为评议会常务委员会的成员。

第九条 通过选举产生或被指定的评议会成员，或者评议会常务委员会成员（视情况而定），由于任期或在校服务终止、请假、丧失行动能力或任何其他原因而临时出现空缺时，应根据第二章第一条和第四条的规定，由被选举或任命的一名成员来代替。新成员的任期为空缺成员的剩余任期。

规　则

第十条 校长有权制定规则，以管理规范评议会所任命的委员会和董事会所发布的会议通知。

第三章　学部、特殊建制学院和学术单位

第一条 根据《联合会章程》，新加坡国立大学应根据评议会的随时决定而被划分为学院、特别建制学院和学术单位等。

第二条 新加坡国立大学的学院应指人文科学与社会学院、商学院、计算机学院、口腔医学院、设计与环境学院、工学院、综合科学与工程学院、法学院、杨潞龄医学院、理学院和国大博学计划。

（一）学院内部的学术单位应按条例的规定而设立；

（二）不隶属于任何学院的两个机构是英语语言交流中心和系统科

学研究所。

第三条 特别建制学院是指杜克—新加坡国立大学医学院、李光耀公共政策学院、杨秀桃音乐学院。特别建制学院根据各自的规章来进行管理。

第四条 每所学院应有学院董事会或等同的机构，其成员资格和职责应在规则中加以规定。

第五条 下列规定适用于所有学院：

（一）每个学院应由院长和学院内部学术单位的学术成员组成；

（二）根据《联合会章程》，学院的院长应在校长推荐的基础上由董事会任命；

（三）学院的副院长应由校长任命，院长助理应由院长任命，所有副院长和院长助理的任期应随院长任期的终止而终止；

（四）学术单位的负责人应由教务长任命；

（五）在基于学院的学术单位中，其副职负责人应由相应学院的院长任命，而在非基于学院的学术单位中，其副职负责人应由教务长任命；所有副职负责人的任期将随相应学术机构负责人任期的终止而终止。

第四章　研究所

第一条 研究所可根据其自身需要或与政府、学术界和工业界合作伙伴合作的需要，经评议会批准后由学校设立。研究所的设置应符合规则中的规定。

第二条 研究所的宗旨应是通过大力进行研究开发而在特定研究领域中完善发展。这些特定领域具有多学科的性质而不宜由某个单独的学院管理。根据其宗旨，研究所可以：

（一）在特定的领域发展研究计划；

（二）构建研究的人力和设施；

（三）通过教授相关的课程和联合指导研究型学生的方式来协助学

院发展教育项目；

（四）提供建议和顾问，并经常与政府机构以及本国或国际的学术和工业机构交流；

（五）提升学科的认知度，促进研究成果的应用；

（六）获取知识产权，并促使其得到商业开发。

第三条 当研究所不再有进一步存在的需要时，应经评议会批准后方可解散。

第四条 研究所应由一名由校长任命的所长领导。

第五条 管理委员会可由校长任命，在研究所发展和运行期间向研究所所长提供指导和帮助。管理委员会主席应由校长任命。

第六条 在必要的情况下，经与研究所所长商定，校长可任命由国际和本国专家组成的顾问委员会：

（一）就与科研相关的事宜和问题提供帮助和建议；

（二）定期评估研究所取得的进展和成绩。

第七条 学校也应赋予研究所以高度的自治权。

第五章 学生团体和活动

新加坡国立大学学生会

第一条 新加坡国立大学学生会（简称"学生会"）应是一个学生团体，按照《联合会章程》的规定而建立。学生会应包括董事会可能随时批准的组成机构。这些组成机构应在规则中加以定义。

第二条 董事会有权制定规则、规定、政策和程序，以管理学生会及其任何组成机构。

第三条 学生会及其组成机构成员的资格和管理应在规则中加以规定。

第四条 学生会及其组成机构组织的活动目标应与其各自章程中的定义一致。

（一）除学生思想政治协会（按章程和规则所规定的学生会的组成

机构之一）之外，其他组成机构不可从事政治性活动或发表政治性声明。任何事件是否具有政治性，由董事会全权决定。

（二）除了学生会成员，未经董事会批准，其他任何人不得参加学生会及其组成机构的任何活动。这不适用于社会性活动，也不适用于经负责学生事务的院长批准、由学生会或其组成机构与外部机构联合组织的活动。

第五条　如果由于任何原因而导致学生会终止，财务结算后的所有资产应移交给具有类似目标的继任组织；如果没有类似组织，则应移交给学校。

其他学生团体

第六条　除学生会之外，应有满足学生群体不同需求的其他俱乐部或社团。

第七条　"学校社团"是指尚未成为学生会组成机构的俱乐部或社团，但由新加坡国立大学学生成立，成员包括但不限于学生的俱乐部或社团。

第八条　校长有权制定管理学校社团的规则、规定、政策和程序。

第六章　学生纪律

第一条　校长有权制定以下规则：

（一）在提交纪律委员会决定之前的纪律处分程序；

（二）在提交纪律申诉委员会决定之前的纪律处分程序，以及为了向纪律申诉委员会提出申诉所必须支付的保证金规定；

（三）对可经学院院长、学术单位负责人和非学术单位负责人决定的过错（既定过错）进行分类的规定，以及为了对某既定过错的任何决定进行申诉而必须支付的保证金规定。

第二条　本章程的术语解释：

（一）"非学术单位"是指学校的所有非学术机构及组成该机构的系或部门，其中包括但不限于计算机中心、新加坡国立大学图书馆、体育娱乐中心、公寓礼堂和其他学生宿舍的管理办公室。

（二）"既定过错"是指不涉及或不导致以下结果的任何过错：

1. 恶作剧；

2. 有损于或可能有损于学校声誉、尊严、权益或福利的行为；

3. 犯罪活动；

4. 由教务长批准院长和负责人作出裁决定的其他过错（包括可能涉及或导致 1 项、2 项或 3 项中所列举的任何过错）。

导致纪律处分的情形

第三条 被指控犯有以下过错或导致任何其他学生犯有以下过错的学生可能会受到纪律处分：

（一）违反《联合会章程》和学校制定的章程、规则、规定、政策、方针、行为规范或程序；

（二）涉及或导致犯罪活动的任何过错；

（三）与学校资金或财产相关的任何盗窃、欺诈或滥用；

（四）损害或损坏学校或其雇员、学生的任何财产；

（五）伪造或滥用学校文件或记录，包括与学位及其他学术资质相关的证书（不影响学校文件或记录的使用）；

（六）在学生的学术成绩或经济奖励、学校的招生录取或与学校相关的其他方面，在校内或校外欺诈、撒谎、任何不守信用的行为，或者假冒他人的行为；

（七）违反与学生录取相关的规定或作出的承诺；

（八）诽谤、攻击或殴打学校的任何雇员或学生；

（九）对学校的任何雇员或学生进行性、种族或任何其他形式的骚扰；

（十）恶意和无合理缘由投诉学校的任何雇员或学生；

（十一）在不违背普遍性的前提下，包括以下故意行为的恶作剧：

1. 羞辱其他学生或使得其他学生遭受嘲笑；

2. 干扰其他学生对其权益或设施的正当享用；

（十二）剽窃，在学术工作上给予或接受未经授权的帮助，或其他形式的学术欺骗；

（十三）破坏或不正当干预：

1. 学校的学术活动或管理；

2. 学校的任何雇员履行职责；

（十四）构成实际或潜在危害公众健康，包括但不限于不遵守或阻碍学校为控制传染病依照《传染病法》（第一百三十七章）所制定的任何措施；

（十五）在任何纪律调查或处分过程中，拒绝或未能亲自出庭，不能全面回答问题或出示任何可能被要求的文件，或者作出虚假证词；

（十六）不遵守对学生的行政处分或其他要求；

（十七）有损于或可能有损于学校声誉、尊严、利益或福利的行为方式。

纪律处分权力

第四条 考虑到个人可能受到纪律处分的任何时间，下列纪律处分权力的任何一项或多项可被行使：

（一）签发命令，包括遵守规定的适当要求，以及不遵守规定将被实施处罚的声明；

（二）发出申诉，这应是犯过错的学生的正式记录的组成部分；

（三）实行不超过 10 万新加坡元的罚款；

（四）发出公开谴责；

（五）撤销或终止任何学术上的或其他学校的优先权、利益、权利或设施使用（除参加课程教学或考试的权利之外）；

（六）撤销或终止参加后续课程的课程教学或考试的权力；

（七）勒令退学；

（八）剥夺即将授予或之前已授予的任何学位、学历、证书或其他学术资质。

第五条 尽管可能属于纪律处分程序范围的人（简称"相关的人"）在依据纪律处分程序初次决定或申诉时已不再是学生，但只要引起纪律处分程序的事件是此人作为在校生发生的或与他被学校录取有关的，本章程所提供的任何纪律处分权力就可被行使。

第六条 在不影响行使其他纪律处分权力，或者任何其他在《联合会章程》、学校章程、规则、规定、政策、方针、行为规范或程序中规定的权力，本章程所规定的任何纪律处分权力均可被行使。

简易处理

第七条 除了本章程的前述规定，当教务长认为应对学生进行处分时，可通过书面通知简要告知中止或停止其任何优先权、利益、权利或设施使用，或者采取任何其他简单处理，如果教务长有理由相信这种处理是必要的：

（一）保护学校的权益，或者学校任何雇员或其他学生的权益；

（二）确保学校职能的正常履行。

第八条 由教务长依照上述第七条作出的决定应服从纪律申诉委员会作出的决定，并且是最终的和对学生具有约束力的决定。

合 作

第九条 在任何纪律处分或申诉过程中，有关人员应全力配合教务长、纪律委员会、纪律申诉委员会，或者任何其他机构或个人，可把任何纪律问题的决定或申诉委托给他们，并应根据他们的需要提供任何信息和文件。

决议的通知和公开

第十条 教务部应视情况而定，将教务长所提起的任何简易处理，或者纪律委员会或纪律申诉委员会的决议通知相关的人。此外，通知可能以各种途径被公开，包括媒体或其他方式，发送给所有学生或其他人。

第七章 对学校的赠与

第一条 除非上下文另有要求，否则在本章、第八章和任何规则中：

"捐赠者"是指向学校捐赠的任何个人、公司、企业、协会、基金会或其他实体；

"捐赠"是指给予学校的任何馈赠，其本金一直保持不变，只有可用的且经过批准的本金的投资获利可以支出用于学校日常或特定的用途；

"赠与"是指学校接受的捐献、赠与、遗嘱处置或其他的内容，以及捐赠者提供的财产和款项，学校除了提供命名机会和按照捐赠者可能指定的目的使用赠与，不对资源作出任何承诺或提供具有商业价值回报的服务；

"赠与目的"是指按照捐赠者的意愿使用赠与，可包括但不限于支持本科生和研究生的教育、研究、奖学金、奖教金、设备设施以及建筑物；

"历史赠与"是指于2007年7月24日前给予学校的所有赠与。

第二条 校长有权确定筹集资金的优先次序，审查并确定学校接受赠与的管理政策和程序。

接受赠与

第三条 学校应促进赠与的招标、接受和管理，以确保这些资源将有助于推动学校在教学、学习和研究上的优先权和义务。

第四条 学校不得接受排斥本校接受其他捐赠者给予的任何赠与，不得接受任何违反现行法律或规则的赠与，并有权拒绝接受任何赠与。

第五条 当给学校的赠与和赠与目的将被纳入学校现行政策和程序时，该赠与行为不能撤销。

第六条 在识别捐赠者的赠与时，学校可向捐赠者提供一个校内的命名机会。校长有权随时设置可提供命名机会的最低赠与标准。

第七条 如果获得学校命名机会的捐赠者声誉败坏，学校将保留停止使用相关名称的权利。

第八条 所有与赠与相关的命名机会应由校长批准。对于学院的与赠与相关的命名机会，应根据校长的推荐经董事会批准。

捐赠者的权利

第九条 依照下文第十四条，所有赠与的使用应符合赠与目的。所有与捐赠者及其赠与有关的资料应得到认真处理，并在法律允许的最大限度内被保密。

第十条 学校应依据规则所规定的标准，适当地答谢和认可捐赠者及其赠与。

基金的管理

第十一条 学校具有管理赠与目的的唯一权利。

第十二条 学校具有对赠与进行投资的唯一权利，且所有捐赠都应遵守本章程的规定。

第十三条 学校根据对管理赠与或与赠与目的相关的基金中产生的合理的费用和开支收取管理费。

赠与目的

第十四条 当依据赠与的目的已全部或部分无法找到合适、有效的使用方式时，在校长建议的基础上，且当向捐赠者进行合理咨询后，董事会有权更改赠与目的。当赠与价值在 100 万新加坡元或更低时，校长可行使此权力。学校应尽可能按照赠与的原始目的来使用赠品。

历史赠与

第十五条 适用 2007 年 7 月 24 日之前的历史赠与的所有现行规定将继续有效，除非这些规定不符合本章程第八章和其他根据这些章程随时修改的规则。

第十六条 任何关于历史赠与管理的规定（包括但不限于赠与目的）不符合或逐渐不符合本章程第八章和其他根据这些章程随时修改的规则，在校长建议的基础上，董事会均有权对其进行变更或修订。当赠与价值在 100 万新加坡元或更低时，校长可行使此权力。在这种变更或修订生效前，学校应尽量把这些变更或修订通知相关捐赠者。

第八章 新加坡国立大学的捐赠基金

第一条 新加坡国立大学的捐赠基金（定义见下文）应按照下文所述进行管理和执行。

第二条 除非上下文另有要求，在本章程中：

"财政年度"是指当年4月1日到第二年3月31日的时间段；

"基金"或"新加坡国立大学的捐赠基金"是指已经设立的，并于1991年10月1日根据《新加坡国立大学法》（第204章，2002年修订版）开始运作，现根据《新加坡国立大学（法人化）法》（第204A章）被转移到学校的基金；

"基金收入"是指基金投资产生的所有收入；

"投资委员会"是指董事会的子委员会，协助董事会执行委员会管理学校基金，以产生用于支持学校作为高等教育公共机构的相关活动的稳定收入来源。

基 金

第三条 所有给学校的赠与都应归入基金，以构成基金的资本。根据本章程，所有需支付的款项都应从基金的收入中支出。

管理和权力

第四条 学校具有管理和控制基金的唯一权力。

第五条 投资委员会被授权通过法律和符合学校的现行政策所允许的任何投资手段，用学校的名义投资基金，以获取收入。

第六条 学校应从基金的收入中支付所有管理基金的费用。根据以下的第七条和第八条，学校也可以向管理赠与的学院、学术单位、研究所、宿舍或非学术办公室等定期支付一定比例的管理费用，并将其中的结余应用到学校基金的公共账号，以实现学校的全部或任何目的。

第七条 当需要保护基金资本的价值和抵消由于通货膨胀或其他因素导致的基金资本贬值时，学校可在任何时候分配基金收入中构成基金本金的部分，并应投资相应的款项。

第八条 在每个财政年度初期，每项赠与均应根据其预期的固定利率得到一个关于可支出收入的年度配额。校长应提出一个待董事会批准的固定利率。

账 户

第九条 学校应建立适当的账簿和基金记录，用以存档。

解　散

第十条　在征得董事会同意后，学校有权终止和取消基金。

规则一　评议会的会议程序以及评议会常务委员会和理事会

第一条　教务主任应是评议会和评议会常务委员会的秘书长。

第二条　不是评议会常务委员会成员的评议会成员有权作为观察员出席评议会常务委员会的任何会议。

第三条　除非另有说明，参加评议会常务委员会和理事会的所有评议会代表和评议会的其他成员均应通过选举产生，评议会常务委员会和理事会的所有任命应从每公历年的 7 月 1 日起执行。

第四条　以下将适用于评议会、评议会常务委员会和理事会的所有会议：

（一）除非在《联合会章程》或规则中另有说明，否则应在任何会议召开前 7 日将会议通知和议程发送至有权投票的每位与会成员。在通知所要求的时间之前或之后，任何人均可放弃会议通知。任何人未出席该会议均构成对该会议通知的放弃，除非他出席会议是为了指出该会议的召集不符合《联合会章程》或规则。

（二）例会或特定会议，应符合《联合会章程》和规则的规定，依照通知中指明的地点和时间举行。除非在《联合会章程》或规则中另有说明，特定会议应在评议会三分之一成员的书面要求或评议会主席的酌情决定下，由秘书长召集。

（三）除非在《联合会章程》或规则中另有说明，评议会以及评议会常务委员会和理事会所举行的任何会议的法定人数，应达到十五位成员或成员总数的三分之一，以二者中较小数为准。会议应实行多数有效投票制。在几方票数持平时，评议会主席拥有决定性的一票。

（四）所有会议的流程记录应存放完好，并易于供评议会以及评议会常务委员会和理事会成员审查。

（五）如果有审核权的成员提出合理的措施，且在五天之内没有三分之一或更多的成员提出书面反对意见，可以执行任何被要求或被允许的措施，而无须通过会议决定。决定这种措施的文件应与会议流程的有关记录一并归档。

（六）只要所有与会成员能够互相听到，并且任何或所有成员均可通过电话会议或其他通信手段参加会议，这种参会形式就应构成此人出席会议。

（七）对于本条而言，"成员"是指在某次会议上有权投票的个人。

规则二　其他评议会委员会和理事会

学校教育政策委员会

第一条　在相关学院院长和学院理事会（或等同组织）以及有关学术单位负责人及其委员会给予建议的基础上，学校教育政策委员会应就建立、规划、制定、审查、修订和终止学术计划以及通过或修订教育政策，向评议会提出建议。

第二条　学校教育政策委员会应包括下列成员：

（一）自动获得委员资格的成员。

（二）负责教学的副教务长或副教务长候选人，由其担任委员会主席；每所学院的一名副院长作为各自学院的代表；每所特殊成立的学院依据其各自章程的规定推举一位代表。

（三）选举产生的成员：

由评议会成员选举产生的三位成员。

（四）指定成员：

由教务长指定的五位成员。

第三条　委员会成员的任期如下：

（一）自动获得委员资格的成员，其任期仅当他们担任职务时有效。

（二）选举产生的成员，其任期直到其被选举后的第二年年底，或评议会在某种情况下可能确定的日期才终止。当选的成员可获得再次被选举的资格。

（三）指定成员，其任期直到其被指定后的第二年年底，或教务长在可能的情况下确定的日期才终止。指定成员可获得再次被指定的资格。

荣誉学位和名誉教授提名委员会

第四条 荣誉学位和名誉教授提名委员会应对具有获得荣誉学位和名誉教授资格的候选人进行提名审议,并向评议会进行推荐。

第五条 委员会应包括下列人员:

(一)自动获得委员资格的成员:

教务长,或其任命者。

(二)选举产生的成员:

由评议会内部选举产生五名成员,并经其相互协商来确定委员会主席。

第六条 委员会成员的任期如下:

(一)自动获得委员资格的成员,其任期仅当他们担任职务时有效;

(二)选举产生的成员,其任期直到被选举后的第二年年底,或评议会在可能的情况下确定的日期才终止。当选的成员可获得再次被选举的资格。

纪律委员会

第七条 纪律委员会依据学校可能随时制定的章程、规则、规定、政策、方针、行为规范或程序,针对所有要求纪律处分的情况,行使纪律处分权力。

第八条 纪律委员会应由下列人员组成,而且任何与某种情况的处理结果有重大权益关系的个人都没有资格成为纪律委员会成员:

(一)主席:

负责学生事务的院长(或院长缺席时,由其副职代替)。

(二)成员:

在由评议会内部选举产生的最多十位成员所形成的小组中,由教务长指定的两位成员。

第九条 根据第八条第(二)项,由评议会选举产生的小组成员,其成员任期直到其被选举后的第二年年底，或评议会在可能的情况下所确定的日期才终止。当选的小组成员可获得再次被选举的资格。

纪律申诉委员会

第十条 纪律申诉委员会应是依据教务长对有关学生纪律事宜所采取的任何纲领性决定或纪律委员会所形成的任何决议，受理申诉的主体机构。纪律申诉委员会依据学校随时制定的章程、规则、规定、政策、方针、行为规范或程序，行使纪律处分权力。

第十一条 纪律申诉委员会由下列人员组成，并且任何与某种情况的处理结果有重大权益关系或已经参与先期决定的个人都没有资格成为纪律申诉委员会的成员：

（一）主席：

由董事会主席所任命的一名董事会成员。他将担任委员会主席。

（二）成员：

在根据本规则第八条第（二）项，由评议会选举产生的小组成员之外，由校长随时任命的两位评议会成员。

规则三　通　知

第一条 校长有权制定规则，用于管理任何章程或规则中要求发布通知的规定。

第二条 除非在《联合会章程》或规则中另有说明，否则任何章程或规则中所要求发布的通知，均可以书面形式发送到人，或者以预付信函、商业信息传送服务、电子邮件或电子传真等方式发送给学校记录的指定收件人的通信地址、电子邮件地址或电子传真号码。如果通过预付信函向新加坡境内或境外的地址发送通知，通知发送时间应视为已预付邮资且信函被寄存在新加坡邮局的次日。如果以商业信息传送服务发送通知，通知发送时间应被视为传送的当天。当以电子化形式向指定收件人的电子邮件地址或传真号码传送通知后，如果没有产生传送的错误信息，通知应被视为已发送。

规则四　学院和学术单位

每所学院的学术单位包括：

（一）人文科学与社会学院包括汉语研究系、经济学系、英语语言文学系、地理系、历史系、日语研究系、马来语研究系、哲学系、政治学系、心理学系、社会服务系、社会学系，以及通信和新媒体的语言研究和项目中心、东南亚和南亚研究中心。

（二）商学院包括会计系、商业政策系、决策科学系、金融系、市场学系、管理和组织学系。

（三）计算机学院包括计算机科学系和信息系统系。

（四）口腔医学院包括口腔与颌面外科系、预防口腔学系和修复口腔学系。

（五）设计与环境学院包括建筑学系、建造学系和房地产系。

（六）工学院包括化学与生物分子工程系、土木工程系、电子与计算机工程系、工业与系统工程系、材料科学与工程系、机械工程系，以及生物工程研究所、工程与技术管理研究所、环境科学与工程研究所。

（七）法学院包括法律系。

（八）杨潞龄医学院包括麻醉系、解剖学系、生物化学系、社区系、职业与家庭医学系、放射诊断学系、内科学系、微生物学系、护理学系、妇产学系、眼科学系、矫形外科学系、耳鼻喉科学系、儿科学系、病理学系、药理学系、生理学系、心理医学系和外科学系。

（九）理学院包括生物科学系、化学系、数学系、药学系、物理学系，以及统计与应用概率学系。

规则五　学院委员会

学院委员会或其等同组织应遵循以下规定：

（一）各学院委员会成员应包括学院院长和可以由教务长指定的学院其他成员，其中院长担任学院委员会主席；

（二）各学院委员会或其等同组织应就学院的学术性事务对评议会负责，并随时向评议会提交报告；

（三）各学院委员会或其等同组织在每学年的每个学期应至少召开一次会议。

规则六 研究所

新加坡国立大学的研究所包括：亚洲研究所，国际法中心，海事研究中心，远程成像、遥感和处理中心，东亚研究所，能源研究所，数学科学研究所，房地产研究所，南亚研究所，交互和数字媒体研究所，中东研究所，新加坡国立大学环境研究所，新加坡国立大学生命科学研究所，新加坡国立大学纳米科学和纳米技术创新研究所，风险管理研究所，新加坡同步加速器光源研究所，新加坡太阳能研究所，淡马锡实验室，亚太物流研究所，热带海洋科学研究所。

规则七 学位和学历要求

入　学

第一条 申请者仅当满足相关学院、学术单位的条件和标准时，经评议会核准，可被允许纳入获取学位或学历的学习项目。

第二条 尽管存在第一条，但当申请者：

（一）在任何时候，被裁决违反法律；

（二）按学校的意见，曾作出虚假陈述或隐瞒申请的资料信息；

学校可全权撤销对申请者的录取，或开除已接受本校录取但尚未注册入学的申请者。

评价和考核

第三条 对学生在本科、学位研究生和学历研究生阶段的表现，可通过考试和持续评估相结合的方式进行评价。所有的评估应由评议会任命的考试委员会进行管理。

第四条 对学生在研究型学位研究生阶段的表现，可通过考试、持续评估、书面论文和口试相结合的方式来评价他们的论文和相关课题。

第五条 只要学生满足相关学院或学术单位的要求，经评议会核准后，可继续其学位或学历学习项目。

第六条 如果学生：

（一）未满足相关学院或学术单位对申请者在考试或课程完成方面

的特定要求；

（二）拖欠学校费用（除非获得学校明确的贷款）；

（三）依据已有规则、政策和程序中所规定的纪律处分程序，被拒绝参加考试或得到课程成绩；

学生可能被禁止参加考试或得到课程成绩。

第七条 根据第六条，被禁止参加考试或得到课程成绩的学生应被视为考试不及格或课程成绩不及格。

第八条 在等待依据已有规则、政策和程序中所规定的纪律处分程序给出结果前，评议会可全权扣留学生考试或课程的全部成绩或任何部分成绩。

第九条 对法学博士、文学博士、理学博士研究生，应在其积累的已发表著作的基础上进行评估。对这些学位，也可依据已有的规则、政策和程序授予荣誉学位。

授予的学位或学历

第十条 学校可授予下列学位：

口腔学博士、法学博士、文学博士、医学博士、药学博士、哲学博士、理学博士、外科学博士、教育博士、公共行政硕士、公共管理硕士、公共政策硕士、建筑学硕士、文学硕士、构造学硕士、工商管理硕士、临床胚胎学硕士、临床调查学硕士、比较法学硕士、计算机硕士、口腔学硕士、工程学硕士、风景园林硕士、法学硕士、内科学硕士、护理学硕士、药学硕士、哲学硕士、心理学硕士、公共卫生硕士、理学硕士、社会专业学硕士、外科学硕士、工艺设计硕士、工艺学硕士、应用科学学士、建筑学学士、文学学士、构造学学士、工商管理学士、计算机学士、牙科学士、工程学学士、法律学士、内科学学士及外科学学士、音乐学士、房地产学士、理学学士、社会专业学学士、技术学学士。

第十一条 在授予以上学位时，学校可在所有正式文件中指明具体的学科或专业，或者区别性标志和学位的名称缩写。

第十二条 学校在授予准予毕业的学历时，可在所有正式文件中使用具体的学科或专业以及毕业学历的名称缩写。

第十三条 同一期间的学位、双学位、联合学位和联合学历应由评议会的决议批准,并且学校可将其授予完成一个学位或学历、不止一个学位或学历的所有要求的任何学生。

第十四条 除非明确授权,否则候选者为满足某个学位或学历要求而提交的成绩证明,绝不能被用来满足本校或其他学校另一学位或学历的要求。

第十五条 只有当候选者:

(一)已成功达到学位或学历的所有要求;

(二)未拖欠学校费用(除非得到学校明确的贷款)时;

方可被授予学位或学历。

第十六条 评议会可全权废止上述第十五条的任何要求。除非有正当的理由和评议会的决议,否则不得剥夺任何人的任何学位、学历或学术奖励。

规则八 荣誉学位和名誉教授

荣誉学位

第一条 荣誉学位应由评议会的决议批准,并且可由学校授予因推动学习、知识或其他进展而为学校或社会作出杰出贡献的人,或者由于为人类获得更多财富而付出非凡努力或贡献而值得获得此学位的人。

名誉教授

第二条 评议会可授予学术卓著或为学校作出杰出而持续的贡献的,已退休或即将退休的教授以名誉教授称号。

第三条 名誉教授属于本校的正式教授等级,可以但无义务参加学校的常规学术活动及承担以下责任:

(一)教学:

1. 从常规的本科生和研究生课程到专门的研讨会或特定的课题,进行所有层次的教学;

2. 促进课程的设计、开展和审查；

3. 指导本科生研究课题。

（二）研究：

1. 与人合作研究项目；

2. 与人合作指导研究生；

3. 作为学校代表，参加研讨会、会议、讨论班或发言。

（三）服务：

1. 指导青年教师；

2. 担任学术单位、学院或学校的评估委员会成员，进行项目审查、研究资助的提案审查和决议；

3. 担任学术单位或学院战略评论的顾问；

4. 担任学校各级特殊学术创新组织的成员；

5. 作为学校代表，参加相关的校外委员会或小组。

规则九　学生团体和活动

新加坡国立大学学生会

组成机构

第一条　学生会应包括下列组成机构，只要这些组成机构由不少于50名成员组成：

（一）学生文学和社会专业学俱乐部；

（二）学生科学俱乐部；

（三）学生医学俱乐部；

（四）学生口腔学俱乐部；

（五）学生法学俱乐部；

（六）学生商业俱乐部；

（七）学生设计与环境俱乐部；

（八）学生工程学俱乐部；

（九）学生计算俱乐部；

（十）学生高校学者俱乐部；

（十一）学生体育俱乐部；

（十二）学生文化活动俱乐部；

（十三）学生社区服务俱乐部；

（十四）学生政治协会。

第二条 除非经董事会决议，否则任何组成机构不得解散。

会员资格

第三条 学生会及其组成机构的成员应限于注册的全日制本科生，他们的会员资格应是必需的。

第四条 当学生仅因完成本科课程学习而不再具有全日制注册学生资格时，经校长全权决定，可被视为保留其学生会成员资格，直至下届学生会常委会（定义见下文）选举之日或校长以书面形式指定的其他日期。

第五条 学生会成员应是其注册的相关学院的组成机构的成员。学生会成员可选择加入本规则第一条中第（十一）项、第（十二）项、第（十三）项和第（十四）项中所列出的一个或一个以上的其他组成机构，然而学生政治协会仅限于新加坡公民加入。

管理委员会

第六条 每个组成机构应由其成员选举产生的"管理委员会"进行管理。

第七条 每个管理委员会的规模应与相关组成机构的成员人数成比例。管理委员会成员数与成员总人数的比例应为1∶100或更低。尽管存在该比例限制，但是：

（一）不超过400名成员的组成机构应选出由5名成员组成的管理委员会；

（二）超过1500名成员的组成机构应选出由20名成员组成管理委员会。

第八条 管理委员会为了更好地管理组成机构，将有权增选其他成员，但他们无投票权。

学生会常委会

第九条 "学生会常委会"应负责管理学生会,其组成如下:

(一)每个管理委员会内部选举产生"学生会代表",学生会代表人数占管理委员会人数的比例为1∶5或更低。每个管理委员会的主席应是学生会代表。任何管理委员会的增选成员不计入该管理委员会选举代表的比例,并且不具有当选学生会常委会成员的资格。

(二)每个组成机构内部选举产生"执行委员会"成员(不得兼任管理委员会成员)。执行委员会的成员人数应依照每个组成机构的规模确定:当组成机构不超过1000人时,可选出1名执行委员会成员;当组成机构超过1000人时,可选出2名执行委员会成员。

第十条 如果学生会成员:

(一)根据学生纪律章程的规定,被发现违反纪律;

(二)在选举当年受到学术警告或留校察看(或非课程制学院的学生重修某门课程);

则不具有当选学生会常委会或执行委员会成员的资格。

学校场地或设施的利用

第十一条 董事会可指定学生会使用学校的任何建筑物或房间,在使用期间,只要董事会认为必要,无须任何理由即可全权撤销任何指定。

第十二条 学生会及其任何组成机构在与校外人员签订涉及使用学校场地和设施的合同时,应获得董事会的批准。此规定这不适用于合同价值低于10000新加坡元的情况。

第十三条 除非经负责学生事务的院长批准,否则作为非在校学生的一般公众被邀请参加的会议不得在学校场地举行。此规定不适用于非在校学生的校友参加的学校校友会会议。

财政

第十四条 会费和学生会的捐赠应由学校财务办公室或其等同机构对学生会及其组成机构各自的账户分别进行收缴和保存。

第十五条 在每学年初,学生会及其组成机构应向董事会提交与活动方案相符且在其财政资源限制内的预算,以获得批准。

第十六条 由学生会及其组成机构合理支出而产生的费用,应由学校财务办公室或其等同机构从相应的账户支付。

第十七条 所有对学生会及其组成机构的捐赠和增加的资金均应由学校财务办公室或其等同机构存入相应的账户。

其他

第十八条 未经校长批准,任何学校社团不得成立,或者如果批准被撤回,任何学校社团不得继续存在。

第十九条 未经校长批准,任何学校社团不得加入非学校的组织。

规则十 有关学生的纪律

院长和负责人的职责、权力和职能

第一条 学术单位负责人、非学术单位负责人、学院院长和负责学生事务的院长仅有权处理被指控的过错人是学生的违规行为。

第二条 当学术单位负责人和相应的学院院长由同一个人担任,或学院只包括一个学术单位时,学院院长应指定一名副院长负责全院学生纪律。只要满足院长认为合适的条件,学生纪律负责人将被赋予本规则所规定的学术单位负责人同期的所有可行使的权力。

第三条 学生有违规行为,应由相关学术单位或非学术单位的负责人处理。如果确认某个学生确实违规,相关学术单位或非学术单位的负责人应通知学生:

(一)他的违规行为;

(二)将实施的处罚;

(三)该学生可在规定的时限内,按照规则规定支付保证金,向相应的学院院长申诉(在学术单位负责人给其纪律处分的情况下)或向负责学生事务的院长申诉(在非学术单位负责人给其纪律处分的情况下);

(四)相关学院院长或负责学生事务的院长(视情况而定)可改变初次决定。

第四条 关于违规行为,负责人和院长应有权行使第六章第四条第(一)项、第(二)项、第(三)项、第(四)项和第(五)项所规定的一项或多项纪律处分权力。但是负责人和院长无权：

（一）对一种独立的违规行为施以超过1000新加坡元的罚款，或者为多种违规行为合计施以总计超过5000新加坡元的罚款；

（二）撤销或终止任何学术优先权、权益或设施使用超过一个月；

（三）撤销或终止任何非学术的学校优先权、权益或设施使用超过一个学期。

第五条 在学生决定为对其违规行为所作出的任何决定进行申诉的情况下，必须支付50新加坡元的保证金。如果相关学院的院长或负责学生事务的院长（视情况而定）随后撤销或减轻初次决定，此笔保证金应返还学生；否则将被没收。

第六条 关于申诉，相关学院的院长或负责学生事务的院长（视情况而定）应负责对问题进行处理，并可撤销或减轻初次决定。

第七条 学院院长或负责学生事务的院长（视情况而定）依据本规则所作出的任何决定应是对学生有约束力的最终决定。

纪律委员会的职责、权力和职能

第八条 纪律委员会有权处理需求采取纪律处分的所有情况，并行使本章程第六章中所规定的任何纪律处分权力。

第九条 当纪律问题被提交给纪律委员会时，委员会应召开会议对该纪律问题作出裁决。按照学校随时可能制定的章程、规则、规定、政策、方针、行为规范或程序，根据下列步骤，也可延期休会并以其他方式调整会议：

（一）如果纪律委员会主席认为有对违纪者实施纪律处分的理由，教务部应通知（以下简称"通知"）违纪者确认形成这些理由是否属实。

（二）违纪者一旦收到有关通知，可在通知中所说明的时间段，就通知中所指出的问题向纪律委员会提交意见并提供书面证据。

（三）如果纪律委员会认为需要举行任何适当的书面或口头听证会，可随时要求出示相关材料。

（四）学校的法律顾问可为了向纪律委员会提供合理化建议而参加

任何书面或口头听证会。

（五）在举行书面听证会时，纪律委员会应基于通知、所提交的意见或书面证据以及纪律委员会可能要求出示的任何其他文件来裁决纪律问题。

（六）在举行口头听证会时，纪律委员会应确定听证会的日期和时间，并至少提前14天通知违纪者。

（七）在举行任何口头听证会时，违纪者有权出席听证会并提交意见。只要违纪者在听证会举办当日前至少7天向纪律委员会提供律师资格和委员会可能要求的其他资料，则违纪者可由律师陪同出席。

（八）如果纪律委员会认为在任何口头听证会中有需要出席的有关人员，可随时要求其出席。

（九）如果违纪者或纪律委员会要求出席口头听证会的任何其他有关人员缺席，且有通知已送达的证据，纪律委员会可以继续听证并确定其缺席程序。

（十）听证会上纪律委员会有权决定证据的可靠性和认可度。当纪律委员会认为向其出示的材料适当时，可附加这些材料的权重，尽管这些材料可能不被民事或刑事法律程序所认可。

（十一）基于违纪者可能提供的任何进一步的意见或书面证据、纪律委员会要求出示的任何其他文件、参加口头听证会的人员应纪律委员会要求所提供的任何证据，纪律委员会将对通知中指出的问题进行裁决，并在其认为适当的情况下依照第六章中的规定行使纪律处分权力。

纪律委员会在作出裁决后，应向教务部提交调查结果，说明有关人员将受到的处分。

第十条 只要违纪者不提出反对，教务长可任命一名观察员出席纪律委员会的会议。这名观察员不得被视作纪律委员会成员，且不得参与纪律问题的裁决。

第十一条 纪律委员会作出的任何决定，只要是符合本规则的规定所作出的，就应是对违纪者有约束力的最终决定。

申诉流程和纪律申诉委员会

第十二条 纪律申诉委员会应是受理对教务长按照章程第六章第七

条所作出的任何决定和纪律委员会所作出的任何决定进行申诉的机构。纪律申诉委员会应有权行使第六章中规定的任何纪律处分权力。

第十三条 在教务长发出处分通知或纪律委员会作出任何决定后的 14 天内，有关人员根据规则规定支付保证金，可通过向教务部提交书面通知而向纪律委员会提出申诉。该申诉通知应陈述申诉理由和处分的所有细节。

第十四条 向纪律申诉委员会提出申诉必须支付保证金 300 新加坡元。如果纪律申诉委员随后撤销或减轻之前的任何处罚决定，此保证金应返还申诉人，否则将被没收。

第十五条 纪律申诉委员会依据学校随时可能制定的章程、规则、规定、政策、方针、行为规范或程序，可对申诉加以考虑，并延期休会或以其他方式调整会议：

（一）申诉听证不应是对问题的全面审查。纪律申诉委员会不应考虑任何新的证据，除非在教务长作出决定或纪律委员会开听证会（视情况而定）之前的任何时间，违纪者或教务长、纪律委员会无法合理获取某些证据。

（二）纪律申诉委员会应将书面听证会作为默认的申诉形式，除非违纪者要求申诉的形式为口头听证会。

（三）为了向纪律申诉委员会提供法律建议，学校的法律顾问可参加任何书面或口头听证会。

（四）在举行口头听证会的情况下，纪律申诉委员会应确定听证会的日期和时间，并至少提前 14 天通知违纪者。

（五）在任何口头听证会上，违纪者、教务长或纪律委员会的其他成员（视情况而定）应有权出席，并受到介绍前面所提到的提供证据的限制，有权提出基于申诉理由的意见。只要违纪者在听证会举办当日前至少 7 天向纪律申诉委员会提供律师资格和纪律申诉委员会可能要求的其他资料，则违纪者可由律师陪同出席。

（六）如果纪律申诉委员会认为在任何口头听证会中有需要出席的相关人员，可随时要求其出席。

（七）如果违纪者或纪律申诉委员会要求出席的任何其他人员缺席，纪律申诉委员会可以该人已收到听证会通知为依据，继续申诉程序。

（八）纪律申诉委员会有权决定证据的可靠性和认可度。当纪律申诉委员会认为向其出示的材料适当时，可附加这些材料的权重，尽管这些材料可能不被民事或刑事法律程序所认可。

（九）在任何书面或口头听证会上，依据本条第（一）项所表述的任何证据和依据本条第（六）项（如果可能的话）纪律申诉委员会要求出席的人员所提交的意见，纪律申诉委员会对申诉加以考虑，并在其认为适当的情况下行使第六章中规定的任何纪律处分权力。

（十）纪律申诉委员会应告知教务部其所作出的决定：对申诉的驳回或受理；确认、更改或撤销由教务长或纪律委员会（视情况而定）作出的决定或违纪者的裁决，或者在纪律申诉委员会认为适当的时候对违纪者施以额外处分。

第十六条　纪律申诉委员会可拒绝受理其认为无聊或毫无根据的任何申诉。

第十七条　对于任何申诉，在纪律申诉委员会没有裁决之前，该申诉所反对的决定［除非这种决定涉及第六章第四条第（六）项、第（七）项或第（八）项款所规定的纪律处分权力的实施］应具有效力，并对违纪者具有约束力。

第十八条　纪律申诉委员会的决定应是决定性的且对违纪者具有约束力。

规则十一　学习阶段和节假日

第一条　校长有权确定学年、学期和学习阶段的开始和结束日期，并可对不同学院和学术单位规定不同的日期。

第二条　校长有权宣布任何公众假期为公休假期，并宣布任何时间作为全校或学校任何部门的节假日。

规则十二　给学校的赠与

第一条　如果不存在与上下文的冲突，在本规则中：

"延期赠与"是指将任何遗赠、遗嘱、慈善信托以及包括通过信托、退休计划寿险保单在内的保有生命财产等，作为给学校的赠与；

"指定赠与"是指任何经学校同意，捐赠者已经指定目的或收受人的赠与；

"一次性赠与"是指任何所有本金可被用于赠与目的的赠与；

"固定认捐赠与"是指任何捐赠者作出捐赠特定金额的承诺，该捐赠可通过一次性付款或在三年内分期付款完成；

"赠与收受人"是指接受或管理赠与的学校、学院、学术单位、研究所、宿舍和非学术办公室；

"非指定赠与"是指任何捐赠给学校且没有特别目的的赠与；

"认捐赠与"是指任何捐赠者作出捐赠的承诺，包括所有固定认捐赠与或重复认捐赠与；

"重复认捐赠与"是指任何捐赠者作出捐赠的承诺，定期履行捐赠的时间表而没有确定的截止日期。

第二条　除非在本规则中另有说明，否则校长有权撤销或修改本规则中的规定。

赠与的处理

第三条　学校可以接受：

（一）完全的现金赠与、有价证券、单位信托基金、房地产、礼品实物或其他有形个人财产，只要赠与支持学校的学术、研究和教学用途，以及一旦学校认为可行，可出售所有的非现金赠与；

（二）固定认捐赠与、重复认捐赠与和延期赠与；

（三）来自国际捐赠者的赠与。

第四条　所有赠与必须辅以记录文件，或者是捐献者的信件、赠与收受人的感谢信、由学校发展办公室规定的赠与形式，或者是至少包括以下信息的捐赠协议：

（一）捐赠者的姓名，以及捐赠者是否是个人、公司、有限公司、协会、基金会或其他实体；

（二）捐赠的金额；

（三）赠与的用途，以及该赠与是否是指定赠与、非指定赠与、资助或一次性赠与；

（四）捐赠履行的时间表（如果可行的话）。

第五条 对于筹款活动，例如比赛、研讨会、慈善拍卖和幸运抽奖，计算赠与金额应根据收到的总金额减去组织活动的成本（或依照法律可适用的其他公式）。筹款的费用不得超过接受总额度的30%（或依照法律可适用的其他比例）。赠与金额和筹款成本应各自独立记账。

第六条 收到赠与的日期应是赠与合法转移到学校之日。

政府的配套资助

第七条 政府提供的所有配套资助应被累加到新加坡国立大学捐赠基金中相关学校或学院的账户。

（一）当学校获得至少50万新加坡元的一次性赠与时，如果捐献者提出要求，学校的发展办公室将申请校长批准从政府经费中提取配套资助，根据赠与的相应用途，作为新加坡国立大学捐赠基金中新设捐赠基金的本金。

（二）当学校获得至少25万新加坡元时，如果捐赠者提出要求，学校的发展办公室将申请校长批准从政府经费中提取配套资助，添加到之前捐赠的本金上。

常规的命名机会

第八条 任何赠与（除延期赠与之外）可按最低标准要求获得在学校内命名机会的资格。当学校收到至少50%的捐赠总金额时，命名生效。

第九条 当命名机会涉及使用已故或精神不健全人士的姓名时，必须获得其近亲或指定监护人的同意。

第十条 不可撤销的延期赠与可与其他赠与（非延期赠与）组合使用，以获得命名机会的资格，但延期赠与部分不应超过组合赠与金额的50%，且组合赠与金额的现值达到了相关命名机会的最低标准。

第十一条　按照本规则第十三条至第十九条的规定，学校内所有命名机会的最低标准（不论赠与是由校级管理，还是由学院、学术单位、研究所、宿舍或非学术办公室管理）为：一次性赠与的最低标准是15000新加坡元，捐赠的最低标准是75000新加坡元。

第十二条　如果本已获得命名机会的认捐赠与在协议认捐期间未能达到可行的最低标准，学校在协议认捐期间结束时所收到的资金将与其他具有类似捐赠目的的资金合并，并且所提供的命名机会将失效。

支持学术研究的命名机会

第十三条　下表给出了支持学校学术研究而获得命名机会的最低赠与标准。

项目	最低标准/新加坡元	
已命名的赠与	一次性赠与	捐赠
奖章或奖金	15000	75000
助学金	45000	150000
奖学金	45000	150000
教师研究基金	150000（最少3年且每年50000新元）	625000
教学奖金（授予助理教授）	150000（最少3年且每年50000新元）	625000
教学奖金（授予副教授）	300000（最少3年且每年100000新元）	1250000
教学奖金（授予教授）	600000（最少3年且每年200000新元）	无法获得命名
优秀研究员奖金	无法获得命名	625000
优秀教授奖金	无法获得命名	2000000
杰出教授奖教金	无法获得命名	3000000

第十四条　设立一个命名的教师研究基金、教学奖金、优秀研究员奖金、优秀教授奖金、杰出教授奖金的最低资助标准，如上表所示，是基于以下假设：如果得到政府1∶1的配套资金，则该配套资金将增加到此项资助的本金中。如果此项资助没有得到政府的配套资金，则设立支持学术研究的命名的最低捐赠标准应在上表中相应金额的基础上增加一倍。

设施、建筑物和场地的命名机会

第十五条 作为赠与可能的收受人的院长或负责人,经向学校发展办公室咨询,在校长批准的前提下,起草一份关于设施、建筑物和场地的命名机会的清单。该清单将包括设施的确定、可被命名的建筑物和场地,以及为每个设施、建筑物和场地进行命名所需的恰当的赠与金额和赠与目的。

第十六条 除非相关的记录文件另有规定,否则只要有关设施、建筑物和场地仍然存在,任何已经授予的与赠与相关的命名机会应继续适用。

第十七条 授予某设施或建筑物以命名机会,不妨碍学校将其下属子单位或子设施的命名机会提供给其他捐赠者。

学院、学术单位和研究所的命名机会

第十八条 在提供捐赠者以命名机会之前,作为赠与可能的收受人的院长或其他负责人,应向学校发展办公室咨询,在校长批准的前提下,提出对有关学院、学术单位、研究所或其子单位进行命名的方案。该方案应包括提供此命名机会的适当的赠与金额和赠与目的。涉及对学院进行命名的赠与,校长应征得董事会的批准。

第十九条 授予学院、学术单位或研究所的命名机会,不妨碍学校将其下属子单位的命名机会提供给其他捐赠者。

规则十三 历史赠与

第一条 下列条件应对本规则第二条列出的历史赠与有效:

(一)每项奖学金应只在被颁发的学年有效;

(二)每项奖学金每年颁发的金额应由评议会决定,且只使用原始赠与的收入;

(三)评议会可指定选举委员会负责颁发奖学金;

(四)如果评议会指定的选举委员会认为奖学金获得者的进展和行为不令人满意,则可在任何时候撤销奖学金的颁发;

(五)在学年期间撤销或延迟颁发的奖学金不得在本学年剩余时间

内再行颁发，由剩余资金或因撤销、失效造成的资金总额应加至或计入相关奖学金的收入部分；

（六）未经评议会批准，奖学金获得者不得同时持有任何其他奖项；

（七）申请必须被制成表格，在任何规定的时间段提交给教务部，并且应对曾经的奖学金获得者公开。

第二条 本规则第一条中提到的历史赠与是指：

（一）John Anderson 奖学金。为了纪念已故的 John Anderson 爵士——新加坡 Messrs. Guthrie 有限公司的创始人，于 1928 年设立，由其遗孀 Dame Winifred Ethel Dunbar Anderson 向莱佛士学院捐赠，目前利息总计 16000 新加坡元。该奖学金由学校管理。学校应根据新加坡公民、新加坡永久居民或马来西亚公民的入学考试成绩来进行颁发，而不考虑学生的种族或性别。

（二）Cecil C. Smith 奖学金。该奖学金在 1940 年被转移到莱佛士学院（参见政府批文第 3242 号，1940 年），之前由当时的教育部进行管理，现在由学校管理。学校应根据新加坡公民、新加坡永久居民或马来西亚公民的入学考试成绩来进行颁发，而不考虑学生的种族或性别。

（三）Tan Jiak Chuan 奖学金。由已故的 Tan Jiak Chuan 遗赠，目前利息总计 1400 新加坡元。该奖学金在 1940 年被转移到莱佛士学院（参见政府批文第 3183 号，1940 年），之前由当时的教育部进行管理，现在由学校管理。学校应根据学生的入学考试成绩来进行颁发，而不考虑他们的国籍、种族或性别。

（四）Ong Siang Song 爵士信托奖学金。为永远地纪念 Ong Siang Song 先生，由 Helen Song 夫人于 1950 年左右向马来西亚大学捐赠 7000 新加坡元而设立的奖学金、奖项或其他合适的奖品。该奖学金由学校管理。学校应根据学生的学术记录来进行颁发，不考虑他们的国籍、种族或性别。

（文献来源：2009 年 8 月 3 日《新加坡国立大学章程和规则》）

二、南洋理工大学章程

(1992年修订版)

第一章 概述

第一条 引文

本章程全称为南洋理工大学章程。

第二条 释义

(一) 在本章程中，除非文意另有所指，否则：

"学术委员会"指大学的学术委员会；

"校监"指大学的校务会议主席；

"评议会"指按照第三十条规定举行的评议会；

"理事会"指大学的理事会；

"副校长"指大学的副校长；

"部门"指根据第十七条设立的分部或其他团体机构；

"管理人员"指校监、副校监、校长、副校长、院长、教务主任、财务主管、图书馆馆长或任何由法规设立的职位的所有人；

"校长"指大学校长；

"规章"指由国家当局或管理人员或大学的其他机构根据本章程或

其他成文法而制定的任何规章制度；

"学院"指根据第十七条成立的学院；

"成文法"指大学管理的规章制度；

"教员"指理事会根据本章程委任为教员的人，包括教授、副教授、高级讲师及讲师。

（二）本章程中：

1. 凡提述指明的某一条，即提述本章程的该条；
2. 凡提述指明的某一款，即提述本条所涉及的该款；
3. 凡提述指明的某一项，即提述本款的该项。

第二章 大学的管理人员

第三条 校监

（一）大学的校监应是新加坡共和国的总统。

（二）校监为大学的校务会议主席，应出席并主持理事会会议和所有的评议会，并有权在任何评议会上颁授学位、文凭及证书，行使本章程或其他成文法授予他的其他权利，履行职责。

第四条 副校监

（一）校监可任命他认为合适的人选成为副校监。

（二）如果由于某些原因，校监不能行使其在本章程或其他成文法中的职能时，可授权任何一名副校监代表其行使这些职能。

（三）每名副校监须在校监任期内任职。

第五条 校长和副校长

（一）大学应设校长一名，由理事会在征询学术委员会的意见后任命。

（二）校长应是大学的主要行政和学术管理官员，应根据本章程的规定，对大学的教学、研究、财务管理、福利和学科安排进行全面监督，行使根据本章程和其他成文法赋予他的权力，履行职责，有权出席学术委员会和理事会的任何会议并在会议上发言。

（三）校长的任期和职责应由理事会决定，并应体现在合同中，须加盖大学的公章。

（四）应设立一名或多名副校长，由理事会与校长协商后任命。副校长任期由理事会决定或由成文法规定。

（五）副校长的职责可以由成文法规定。

（六）如果在相当长的一段时间内，校长因生病、休假或其他原因不能行使任何职能，如果只有一名副校长，副校长应行使这些职能，如果副校长缺席或不能履行职能，理事会须作出其认为适合行使该职能的临时安排。

（七）如果有多名副校长，则由校长提名。如果校长无法提名，则根据第（六）项，由理事会提名一名副校长，行使校长的职能。

第六条 教务主任、财务主管和图书馆馆长

（一）应设一个教务主任、财务主管和图书馆馆长，他们应是大学的专职管理人员，并应具有成文法规定的权力和职责。

（二）教务主任、财务主管和图书馆馆长应由理事会在征询校长的意见后任命。

（三）教务主任、财务主管和图书馆馆长的任期和职责应由理事会决定，并应体现在合同中，须加盖大学的公章。

第七条 其他管理人员

大学可以根据成文法中的规定任命其他管理人员。

第三章 理事会、学术委员会、学院和部门理事会

第八条 理事会

（一）大学设有理事会，理事会应由下列成员组成：

1. 校长；

2. 根据校长推荐，由校监任命的四名学术委员会代表；其中至少两名是大学教授，一名是全职教师，该教师既不能是教授，也不能是研究所主任；

3. 由校监任命的四名代表；

4. 由政府任命的四名代表；

5. 由理事会任命的三名代表；其中一名必须是新加坡国立大学或该大学的毕业生，一名必须是根据本章程第三十五条备存注册信息并登记在案的往届毕业生。

（二）每名获委任的理事会成员的任期为四年一届，在其任期届满后，符合条件的可续任。

（三）理事会应不时从其成员中选举一名主席和一名副主席。

（四）理事会主席和副主席的任期为三年一届，除非他辞去该职务或辞去理事会成员的职务。

（五）大学理事会成员如果属于该校的管理人员、教师或全职雇员，就无资格当选为大学理事会主席或副主席。

第九条　理事会临时空缺

（一）理事会中的成员出现以下情况：

1. 死亡；

2. 亲笔签署辞呈并递交给教务主管；

3. 根据第八条第（一）项的第 2 小点，获委任成为学术委员会的成员终止其委任；

4. 根据治疗法案中精神障碍的定义，被认定具有精神障碍；

5. 被判定破产；

6. 被判处两年以上的监禁；

7. 未经理事会许可，连续三次不出席理事会会议的；

其理事会位置将会空缺出来，这种空缺被视为理事会临时空缺。

（二）理事会委任成员职位的临时空缺，须在切实可行范围内尽快由一名成员按照第八条第（一）项的要求委任合适人选，以代替离任会员。被委任代替临时空缺的成员只能在其前任任期的剩余时间内任职。

第十条　理事会权力

（一）理事会是大学的执行机构。行使根据本章程或其他成文法等授予其机构和管理人员的相关职能和权力。但理事会不能直接决定学术委员会权力范围内的任何事宜，除非学术委员会先提交相关事宜记录并向理事会传达对此事宜的意见。

（二）理事会可决定委任其认为合适的委员，提供意见，以协助理事会执行其职能并行使其权力。

（三）根据第（二）项任命的委员，应拥有并行使理事会对权力、权威、职责和职能认定的决定权。

第十一条　理事会会议

（一）理事会应在其决定的时间和地点举行会议。

（二）理事会的任何会议，需六名理事会成员出席才构成法定人数。

（三）校监须主持其出席的所有理事会会议。

（四）根据第（三）项，理事会主席应主持理事会的所有会议，在他缺席时，由副主席主持。在主席和副主席均缺席的情况下，出席会议的成员应选出一人主持会议。

（五）理事会会议上讨论的问题，应由出席理事会会议并有权就该问题投票的成员的多数票决定。

（六）理事会会议主持人具有审议表决权，为了投票的公平，主持人拥有决定性一票。

第十二条　不受空缺等影响的理事会议事程序

理事会或委员会的议事程序不会因成员缺席或个人原因而变动。

学术委员会

第十三条　学术委员会

（一）大学应设立一个学术委员会，由以下成员组成：

1. 校长，应是学术委员会的主席；
2. 各学院的院长；
3. 大学里的教授；
4. 成文法里规定的其他人员。

（二）学术委员会是大学的学术机构。根据本章程、成文法及其他规章制度规定，学术委员会应管理和指导教学研究和考试，并有权授予学位、文凭和证书。

第十四条 学术委员会可以任命委员

（一）学术委员会可不定期地委任常务委员和特别委员。

（二）学术委员会可将其权力和职责委托给任何一个委员或其他任何人。而该委员或该人可在没有得到学术委员会确认的情况下，以和学术委员会同样的方式行使权力，履行职责。

（三）一般在不损害第（二）项的情况下，学术委员会可将其授予文凭和证书的权力转授予大学中任何学院或研究所的委员。

第十五条 学术委员会会议

（一）学术委员会应在其决定的时间和地点举行会议。

（二）在任何学术委员会会议上，不少于三分之一的学术委员会成员出席才能构成法定人数。

（三）学术委员会会议上的每个问题，都应由出席学术委员会会议并有权就该问题投票的成员的多数票决定。

（四）校长不能出席会议时，应委派一名副校长或学院院长主持会议。

（五）学术委员会会议主持人具有审议表决权，为了投票的公平，主持人拥有决定性一票。

第十六条 不受空缺等影响的学术委员会程序

学术委员会的议事程序不得因学术委员会成员出现空缺或受委任的成员的任何缺点而宣布无效。

学院和部门

第十七条 学院和部门

（一）大学应根据成文法规定的数量和名称成立相应的学院和部门。

（二）学院或部门（不隶属于任何学院）应对学术委员会负责，组织该学院或部门权限范围内的学科教学。根据具体情况，学院和部门可行使成文法或规章制度赋予的职能。

（三）校长应在与学院成员咨询意见后，从中委任一名学院院长。院长为该学院的主席，须行使成文法或规章制度赋予他的职能。

（四）根据成文法规定，校长有部门主任任命权。如果由于休假或其他原因，部门主任无法履行其职责，除非成文法另有规定，否则校长可指定一人在此期间继续履行主任职责。

（五）作为学院一个部门的负责人，部门主任应对其所在学院负责，组织教学和研究工作。

第四章　成文法和规章制度

第十八条　大学的成文法

（一）在符合本章程的规定下，以管理大学事务及执行大学职能为目的，理事会可不断订立大学的成文法。

（二）在不影响第（一）项的情况下，成文法可以规定下列的所有事项：

1. 大学管理人员的权力和职责；

2. 大学管理人员和雇员的任命方式、解雇和工作内容；

3. 授予学位、文凭、证书和其他荣誉的决定和原则；

4. 学生的入学条件、住宿条件、学校纪律以及福利；

5. 考试的次数和范围；

6. 实施考试和主考人员的指派、权力、职责、薪酬及工作内容；

7. 允许学生参加大学的考试，选修其他课程，申请学位和文凭；

8. 图书馆、报告厅、实验室、研究所和宿舍的管理；

9. 课程学习的费用、住宿费、参加考试的费用以及大学可能征收的其他费用；

10. 本章程要求或成文法中允许的其他事项；

11. 上述中附带或相应的事项。

（三）理事会不能对学院院长或部门主任的权力和职责、教师的聘用方式及工作内容等制定规则或对相关规则进行修订或撤销，除非已将提案提交给学术委员会且学术委员会已向理事会递交了观察报告。

（四）除非学术委员会同意规章制度的条款，否则不得制定任何涉及第（二）项中第 3 小点和第 8 小点及学术委员会管辖范围内任何事项的法规。

第十九条　大学的规章制度

（一）理事会和学术委员会可就其议事规则制定规章制度。

（二）学术委员会可以为学院、部门或受学术委员会管辖的所有事务制定规章制度。

（三）学术委员会可以制定学习课程或考试大纲的规章制度。

（四）成文法可为各学院、部门（不隶属于任何学院）或大学管理人员制定相关规章制度时提供依据，在实施、执行制度或处理事务时有规可依。

第二十条　成文法和规章制度的出版

（一）当任何一条规章制度被订立、修订或撤销时，须在一个月内在公报上刊登，并在理事会指示的地方报纸上发布最新订立、修订或撤销的规章制度。

（二）在出版生效之前，大学成文法和规章制度应以电子版形式保存。纸质版应以合理的价格提供给公众购买。

（三）本条不适用于任何只对主考人或监考人订立的规章，亦不适用于理事会经校监批准而保留不公布的规章。

第二十一条　章程和成文法不一致

根据具体情况，本章程的规定在与成文法或规章制度不一致的范围内，不具备效力。

第五章　财务条款

第二十二条　财务年度

除大学的第一个财政年度是从该大学成立之日开始，至 1992 年 3 月 31 日结束外，大学的财政年度应于当年的 4 月 1 日开始，至次年 3 月 31 日结束。

第二十三条 财务常务委员

理事会须委任一名财务常务委员管理大学的财政。

第二十四条 审议准备

成文法规定的大学管理人员有义务准备好大学每个财政年度的收支预算,提交校长审议。

第二十五条 审议

(一) 收支预算须按理事会指示的格式拟备,校长应在该财政年度开始前向理事会呈交并由理事会批准。除非理事会授权校长,校长才可随时批准追加的预算。

(二) 年度预算和追加预算应按理事会指示的格式和材料进行拟备,提交审议。

第二十六条 投资

理事会可按其认为需要的程度或适宜的方式投资大学的资金。

第二十七条 理事会接受礼物的权力

(一) 理事会可代表大学,按其规定的条件,以补助、赠与、遗嘱处置或其他方式,接受财产和现金作为大学财政基金。

(二) 应保存对大学捐赠的所有记录,包括捐赠人姓名和所有捐赠条件。

第二十八条

为特定目的捐赠的财产、现金或基金,应按照其捐赠的目的加以管理和使用,并须单独核算。

第二十九条

理事会应委任一个或多个捐赠基金委员,以管理为大学或与大学有关而设立的所有的捐赠基金。

第六章 常规

第三十条 毕业典礼

(一) 授予毕业生学位的集会可每年举行一次,或按校监指示,在他批准的日期举行。

（二）校监无法出席时，由校监授权副校监出席毕业典礼，校长应主持毕业典礼。

第三十一条　遴选委员会

（一）大学教师应由理事会在考虑人员遴选委员会的意见后再聘用。

（二）遴选委员会的组成和权力应根据成文法规定。

第三十二条　研究会

（一）研究会在学术委员会授权下，处理与各学院或部门有关的事宜，或审议学术委员会向其提交的关于建立新学院或部门的建议。在学术委员会的指示下，向学术委员会或其他学术部门报告。

（二）研究会的组成、权力和职责应由学术委员会决定。

第三十三条　学生会

（一）应设立一个名为南洋理工大学学生会的学生组织，学生会应根据成文法规定的目的和组成机构组建。

（二）南洋理工大学学生会的章程、会员职能及其他相关事宜和各组成机构应由成文法规定。

（三）理事会可为南洋理工大学学生会及其成员的开销而向学生或班级征收一定的费用，该费用需用在理事会认为适宜并实现学生会及其成员的目的方面。

（四）下列学生有资格成为南洋理工大学学生会成员：

1. 任何被录取读全日制研究生课程并获得学士学位的学生；

2. 任何未获得学士学位，但正在读全日制课程，且就读时间不少于两个学年的本科生。

第三十四条　管理人员权力的转授

（一）管理人员根据本章程、成文法或其他规章制度的规定，可随时就某一特定事项向他人书面转授，允许其行使该管理人员的权力和履行职责。

（二）根据本条作出的转授，可在转授文书中规定约束和限制条款，也可由作出转授的人员随时撤销该授权。

（三）根据本条作出的任何权力或职责的转授，不能影响作出转授的人员行使权力和履行职责。

第三十五条 毕业生名册

（一）大学教务处应保存毕业生登记册，其中应包括：

1. 本大学所有毕业生的姓名，及所有新加坡国立大学毕业且被本大学研究院录取的学生姓名；

2. 1980 年 8 月 7 日成立的前南洋大学校友会成员的姓名，以及根据《新加坡国立大学法案》第二百零四章第十八条，获得大学学位的学生姓名。

（二）毕业生名册的形式可由大学理事会决定，但必须分为以下两部分：

1. 第一部分须包含第（一）项的第 1 小点中指定的所有人员的姓名；

2. 第二部分须包括第（一）项的第 2 小点中指定的所有人员的姓名。

（三）所有名列毕业生名册的人士，均可不时收到大学理事会公布决策时的文件。

（四）大学教务处须备存一份学生注册记录册，根据《南洋大学法案（1970 版）》第一百七十八第十条备存规定，记录 1980 年 8 月 7 日名列前南洋大学注册记录册上的学生名单。

三、泰国朱拉隆功大学章程

本章程于 2008 年 1 月 31 日
由普密蓬·阿杜德国王颁布实施

根据普密蓬·阿杜德国王的圣谕修改朱拉隆功大学章程。

根据《泰国宪法》中第二十九条、第三十一条和第三十二条，制定和完善本章程。章程主要内容如下：

第一条 本章程全称为"2008 年朱拉隆功大学章程"。

第二条 本章程应于政府公报公布之后次日起生效。

第三条 本章程生效之日起同时废止 1979 年朱拉隆功大学章程。

第四条 本章程所提到的：

"大学"是指朱拉隆功大学；

"大学理事会"是指朱拉隆功大学理事会；

"专家委员会"是指朱拉隆功大学专家委员会；

"教师委员会"是指朱拉隆功大学教师委员会；

"学术政策委员会"是指朱拉隆功大学学术政策委员会；

"大学教职工"是指朱拉隆功大学的教职工；

"大学工作人员"是指朱拉隆功大学中的教职工、政府驻校公职人员、校级雇用人员；

"部长"是指负责执行本章程职责的部长。

第五条 大学作为独立法人，需要严格执行本章程中的各项条款。大学是隶属国家政府的公办院校，由教育部行政部门主管。

第六条 教育部部长负责监督章程的具体实施情况。

第一章 总 则

第七条 朱拉隆功大学是拉玛六世瓦吉拉伍德国王为了纪念拉玛五世朱拉隆功大帝而建立的一所高等教育学府。朱拉隆功大学的办学宗旨是要办成一所集教育、推广、应用、发展学术一体化的知识殿堂级高等院校，成为拥有农业、商业、教育、工程学、行政、法律、医学和公共管理等高等教育专业的综合性高等院校。大学以提高人才培养质量为核心，致力于培养专业基础扎实、综合素质高的毕业生。除此之外，大学注重科技创新，努力服务社会，同时还热衷于保护和传承国家传统文化艺术。

大学旨在培养大学毕业生同时兼具道德和知识，具备知识和教养，有求知欲，拥有批判精神、奉献精神和集体责任心。

第八条 为了实现第七条的目标，大学应遵循以下原则：

（一）教育机会平等；

（二）兼具学术卓越和学术自由的品德；

（三）国际认可的学术标准和质量；

（四）向社会传授知识，以解决社会实际问题；

（五）对国家和地方各级的政府和社会有责任感；

（六）透明和可核实的管理效率和管理效果；

（七）工作人员参与的民主集中管理。

第九条 大学可将工作部门划分如下：

（一）大学理事会办公室；

（二）大学办公室；

（三）系；

（四）学部；

（五）学院；

（六）机构。

为了实现第七条的目标，大学还设置与学院、系或者研究所等平行的职能部门。

按照大学理事会办公室和大学办公室的规定，设立、合并或解散工作，将在大学公告中公布，并同时在政府公报上公布。

按照大学制度，各级机构可根据工作职能需要设立办公室。

大学公布大学下设的各级机构名称，以及严格规定各级机构的职能范围和责任义务。

第十条 根据第七条的目标，大学可以与高等教育机构或其他一些机构合作，并可以向该合作机构的毕业生颁发毕业证书。

高等教育机构或其他机构愿意或取消与学校合作，将在大学公告中公布，并在政府公报上公示。

应根据大学的规定来管理加入大学的高等教育机构或其他机构。

第十一条 根据第七条的目标，大学可以与国内外的高等教育机构或其他机构或国际组织一起开展学术研究。在教育管理方面，大学有权授予合作项目的毕业生相应的毕业证书。

同时开展或取消教育合作项目，将在大学公告中公布，并在政府公报上公示。

所开展的教育合作项目需严格遵循大学的规定。

第十二条 大学的事务不受劳工保护法和劳工关系法的约束。但是大学雇员必须受到保护，并且报酬不应低于劳工保护法中的规定。

第十三条 大学有权利和义务开展各项活动，以实现第七条的目标。这些权利和义务应包括：

（一）购买、出售、雇用、创建、供应、转让、接收、分期付款、租赁、交换和分配的任何合法行为，以及拥有大学财产的所有权、受益权或其他一些权利，或者从知识产权受益的权利，并能在国内外出售该财产以及接受别人资助或捐献的现金或财产的权利。

根据第十六条第（二）项，仅有获得出售或交换的不动产可以进行出售或交换。

（二）在大学的权限范围内接受手续费、维护费、赔偿金、罚款和劳务费，包括制定协议和设定与此相关的条件。

（三）在实施与第七条目标一致的工作时，可以与政府或私人机构，以及与国内外组织或机构合作。

（四）为了大学的利益，贷款或借款、投资或被投资时要有人或财产做担保。

贷款或借款和投资或被投资时，如果金额超过部长规定的金额，必须先得到内阁的批准。

（五）不断进行学术改革和人才培养，包括实现学术成果、研究成果和知识产权的社会价值。

（六）根据第七条的目标，提供教育贷款、奖学金、研究基金和教育项目基金。

（七）通过大学财产和国家财产法下的国家财产来进行管理、看管、保护、安排、使用和提供等方面的服务。

（八）为了增加大学收益，更好地处理大学事务或相关延伸性事务，推广大学的研究成果，大学可以单独或与他人合作组建独立法人机构。

第十四条　大学的收入如下：

（一）政府每年提供的年度财政补贴；

（二）接受捐赠的资金及财产；

（三）政府或大学设立基金，并从基金中获益；

（四）收取的培训费、手续费、维护费、罚款以及各项服务收入；

（五）投资或资产增值所得；

（六）从大学管理的不动产中获益；

（七）其他收入或福利。

根据第（一）项关于年度财政补贴的内容，政府应直接分配给大学能实现大学目标和帮助大学发展所需的必要开支，用于保证教育管理和教学质量。

如果政府调整了公务员月薪、职位补贴或任何其他福利，政府应增加补贴预算，以保证大学教职工与公务员的薪酬待遇一致。

大学的收入无须根据财政法和预算程序法提交给财政部。

如果大学所有收益不能负担大学运营费用，且大学无法获取其他来源的收益，政府应根据大学的需要为大学增加额外补贴。

第十五条　大学必须资助家庭贫困的大学新生，创造条件支持贫困大学生完成学业。大学应该制定贫困大学生的评定和资助条款：

第十六条　下列土地和不动产不属于皇室财产，所有权归大学所有：

（一）根据皇家财产转让法，大学于1939年获得曼谷巴吞旺县巴吞旺村的土地，将之设为朱拉隆功大学使用土地；

（二）由政府划拨、自行购买、资产交换或者其他方式获得的大学的所有不动产。

1939年朱拉隆功大学根据皇家财产转让法获得的曼谷巴吞旺县巴吞旺村的土地所有权不得转让。

第十七条　用于教育、研究、学术、保护文艺作品目的的大学专项基金，将不受大学资产管理规则约束，但不能违反大学资产时效的相关规定。

第十八条　大学的收入和资产必须以第七条的目标进行管理。

个人捐献给大学的现金和财产必须按照捐献者的要求进行管理。如果需要更改条款，必须征得捐献者或其继承人的同意。如果没有继承人或继承人没有出现，则必须得到大学理事会的批准。

第二章　执行条例

第十九条　大学理事会人员构成：

（一）获得国王批准的大学理事会主席；

（二）获得国王批准的十五名校外专家成员；

（三）校长；

（四）教师委员会主席以及大学往届学生会主席；

（五）需从不低于主任级别或同等职位的人员中推选一人担任大学理事会成员；

（六）大学理事会的十名委员由教师委员会和各个职能部门中分别推选的五名人员担任；

大学理事会主席和专家委员的推选资格、标准及推选方式符合第十九条第（二）项规定，大学理事会委员的推选需符合第十九条第（五）项和第（六）项规定。此外，在高等教育委员会名单中选出一名专家担任大学理事会委员职位。

从大学理事会委员中推选出一名副主席，当主席无法履行职责或主席人选未定时，副主席代替其履行职责；当副主席无法履行职责或副主席人选未定时，大学理事会推选一名成员代替其履行职责。大学理事会任命副校长担任秘书职务，同时可以设置大学理事会秘书助理职位。

第二十条 根据第十九条第（二）项规定，大学理事会主席和委员每届任期三年，任期结束后可再次连任，但连任不得超过两届。

根据第十九条第（五）项和第（六）项规定，大学理事会委员每届任期两年，若任期结束后再次被选，则可连任。

除了根据以上规定，依据第十九条第（二）项、第（五）项和第（六）项规定，大学理事会主席和委员在发生以下情况时还可卸任：

（一）死亡；

（二）辞职；

（三）被大学理事会开除；

（四）资质欠缺；

（五）因违法被监禁；

（六）破产；

（七）能力不足。

若大学理事会主席或委员职位空缺时，无论出于何种原因，并且尚未任命新的大学理事会主席或委员时，则由在任的大学理事会成员协商处理事务。

若大学理事会主席或委员在任期结束前辞职,则重新任命一名主席或委员以取代担任该职位的人。重新任命的主席或委员的任期为前任主席或委员的剩余任期。若其剩余任期不到九十天,则不必重新任命新主席或委员。

若大学理事会主席或委员在任期届满后离职,但尚未选举和任命新一届大学理事会主席或委员,需在任命新一届大学理事会主席及委员后,前任主席及委员方可离职。

第二十一条 大学理事会有权决策学校各项业务活动,具体行使以下职权:

(一)制定大学发展规划和指导方针,实现大学办学宗旨;

(二)颁布大学各项规章制度,以保证大学的日常运作,大学相关职能部门可自主制定部门规章制度;

(三)制定大学人力资源管理章程;

(四)制定有关大学财务、物资和资产管理的章程;

(五)批准授予本校或与其他高等教育机构合作培养的各个层次毕业生的学位文凭,向毕业生颁发荣誉学位;

(六)根据第九条审批各级机构部门的合并或解散,包括各部门内部职能的划分;

(七)考核国王任命的大学理事会主席、大学理事会委员、院长、教授和特聘教授的工作,若不符合规定,可予以罢免;

(八)任命和罢免名誉教授、副教授、特聘副教授、助理教授和特聘助理教授;

(九)任命和罢免副校长、院长、主任及各级部门负责人;

(十)监督和评估校长及各部门负责人的工作;

(十一)批准及取消与其他高等教育机构或研究机构的教学合作,批准实施教学计划,包括调整和取消教学计划;

(十二)制定资金、资源和其他资产筹集的政策和方法;

(十三)根据第十三条第(四)项,批准贷款及投资事务;

(十四)根据第十三条第(八)项,批准或取消单独设立或与其他个人合作建立独立法人组织；

（十五）审批大学的收支预算；

（十六）审核大学的年度业务报告，并将报告上呈教育部部长；

（十七）委任下属机构或个人分别管理大学理事会中的具体事务，接受委任的下属机构或个人需向大学理事会汇报工作进展情况；

（十八）履行与大学事务有关但未指定专员负责的其他职责。

第二十二条 大学理事会的会议和工作事宜应符合大学的规定。

第二十三条 设立学术委员会，由教授任主席和委员，负责为大学理事会提供学术咨询及建议。

学术委员会主席和委员的人数、标准及管理办法，以及权力和职责、委员任期、委员会活动与会议的举办，都需要符合学校的相关规定。

第二十四条 设立教师委员会，人员构成如下：

（一）作为教授的普通教师；

（二）担任其他学术职务的普通教师。

根据第（一）项和第（二）项的规定，确定委员的数量，制定主席和成员任期及工作内容。

教师委员会具有以下权力和职责：

（一）为了大学的权益，向校长提供意见与建议；

（二）制定教师委员会工作准则，并提交大学理事会审批；

（三）汇集和评估学术研究情况，每年向大学委员会提交学术研究方面的意见；

（四）制定维护教师名誉的有效措施；

（五）大学理事会或校长委派的其他职责。

第二十五条 大学理事会设立一个学术政策委员会，其包括主席和成员，拥有以下权力和职责：

（一）提出发展目标、政策、指导方针和学术发展计划；

（二）在增设、调整或取消专业等方面向大学理事会呈送意见；

（三）在批准实行男女同校管理、联合或取消与高等教育机构或其他研究机构的合作方面向大学理事会呈送意见及建议。

学术政策委员会主席和成员的人数、资格、规则、评选方式，以及委员会的工作安排与会议举办，都需符合大学的相关规定。

第二十六条　按照大学相关规定设立评估团队，针对专家委员会、教师委员会和学术政策委员会的工作进行评估。

第二十七条　校长是最高领导，负责大学行政管理，可任命副校长或校长助理，抑或同时任命副校长和校长助理，以履行校长委派的职责，人数根据大学理事会相关规定而定。

第二十八条　大学委员会根据第三十一条第一款和第三款规定推选校长，校长由国王任命，推选校长的规则及选举方式需符合大学的相关规定。

校长根据第三十一条第二款和第三款规定从候选名单中推选副校长，副校长由大学委员会任命。

校长根据第三十一条第二款和第三款规定从合格人选中推选校长助理，校长助理由校长任命。

副校长和校长助理职务可由非大学工作人员担任，但非大学工作人员担任副校长或校长助理的人数不得超过职位数量的一半。

第二十九条　校长每届任期四年，可以连任，但连任次数不得超过两届。

校长卸任时，副校长和校长助理一同卸任。

第三十条　除第二十九条规定的任期届满自动卸任外，以下情况可解职或解聘校长：

（一）死亡；

（二）辞职；

（三）缺乏第三十一条第一款所规定的资格，或品行不符合第三十一条第三款规定；

（四）校长工作没有按照大学理事会的标准通过评估时，大学理事会决议予以辞退；

（五）大学理事会的辞退决议若票数达三分之二以上，则予以辞退；

（六）因违法被判处监禁；

（七）破产；

（八）能力不足。

第三十一条 校长学历不得低于博士学位，或由大学理事会认可的大学、高等教育机构授予同等学力，或曾担任教授、名誉教授，或曾担任不少于一个任期的二级学院院长。

副校长和校长助理学历不得低于学士学位，或在大学理事会认可的大学、高等教育机构授予同等学力。

除了第一款和第二款的条件，校长、副校长和校长助理不得有品行不端或道德败坏的行为。

担任校长一职期间，校长是大学教师，将免去其学术职责。

第三十二条 校长全面负责大学的教学、科学研究和行政管理工作，校长可以行使下列职权：

（一）根据学校的办学目标和政策管理大学事务；

（二）依照法律、法规、规章和大学规定管理大学的财务和资产；

（三）决定聘任或解聘副院（系）长、副主任、各部门第二负责人以及特聘教师；

（四）拟订和执行纪律条款；

（五）解聘校内工作人员；

（六）根据大学的发展方针和计划，组织拟订大学发展战略规划，包括监督和评估大学各个方面的工作；

（七）为了实现大学的办学目标，从各种渠道筹集资金和资源；

（八）拟订年度收入支出预算方案，呈交给大学理事会；

（九）向大学理事会提交关于大学各项活动的年度报告；

（十）根据本章程规定、大学理事会委派以及大学各项规章制度，履行其他的工作职责。

第三十三条 校长因故不能履行其职责时，由副校长暂时主持大学日常工作；如有若干名副校长，由校长指定的副校长主持工作；如没有指定的副校长，则由资历最高的副校长主持工作。

在校长职位空缺的情况下，上述所提到代理校长的人员无法履行校长职责时，由学校理事会根据第三十一条第一款和第三款任命有资历的人员代理校长。

第三十四条 学院（系）、学部、研究院（所、中心）设负责人主持本部门工作；除此之外，还将设置协助负责人工作的第二负责人或助理职位。

二级学院院长由大学理事会根据第三十六条第一款的第（一）项和第（二）项任命符合条件的人员担任。

副院长由校长任命，根据第三十六条第一款和第三款内容，由院长推荐符合条件的人员。

院长助理由院长根据第三十六条第二款和第三款任命符合条件的人员。

副院长和院长助理可以在非学校内部工作人员中任命，但此种情况不能超过副院长和院长助理总人数的四分之一，视具体情况而定。

院长的选拔、权力和职责以及工作管理等按照大学章程执行。

第三十五条 院长每届任期四年，可以连续任职，但原则上不超过两届。

当院长卸任后，副院长和院长助理也需一同离任。

代理院长适用于第三十三条，由大学理事任命，且必须在符合第三十六条第一款和第三款条件的人员中任命。

第三十六条 院长应在大学教职工中任命，应具备以下条件：

（一）学历不低于博士学位或者大学理事会认可的同等学力。

（二）学历不低于学士学位或大学理事会认可的同等学力；在大学理事会认可的学校或者高等教育机构任职不少于五年；职称不低于副教授。

副院长、院长助理必须是学士毕业或者大学理事会认可的同等学力。

除第一款和第二款的条件以外，院长、副院长和院长助理还必须品德高尚，并且没有大学章程中规定的不良表现。

第三十七条 大学在学院（系）、学部、研究院（所、中心）设常务委员会，由院长作为委员会主席，副院长、教职工代表和校外兼职专家组成委员。

在学部、学院（系）、研究院（所、中心）有学院（系）主任的情况下，该主任也将作为常务委员会成员。

委员的人数、资格、纪律、任期、离任，包括权力与职责，以及常务委员会的运作和会议，需根据大学章程执行。

第三十八条 大学理事会办公室、大学办公室、研究所或者各职能部门等，设置部门主任领导负责本部门工作；同时增设部门副主任分担部门主任委派的工作。

部门副主任根据部门主任的提议由校长任命。

部门主任的选拔条件、聘任方式、任期和离任，包括权力与职责，以及部门管理工作，需根据大学章程执行。

当部门主任离任后，部门副主任也需一同离任。

各职能部门代理主任适用于第三十三条第一款，在主任职位空缺的情况下，按照大学章程规定代理主持日常事务。

第三十九条 担任校长、副校长、校长助理、院长、副院长、各职能部门主任和副主任后，不能再同时担任两个或两个以上的职位。

任何人担任一个领导职位后，还可以同时代理其他一个领导职位，但原则上不能超过九十天。

第四十条 为了学部、学院（系）、研究院（所、中心）和各职能部门的有效管理，校长下放部分权力，院长和各职能部门主任享有相应职务权力。

院长和各职能部门主任可以授予副院长和各职能部门副主任职责范围内的权力。

第四十一条 代理、授权临时代理以及兼职人员，需要严格遵守大学章程。按照法律、法规、规章或者内阁任命的任何职位，代理人在代理职务期间同时享有同样的权力，并承担相同的职责。

第三章 质量保障和评估

第四十二条 为了提高大学的教学质量和水平，大学应制定教学质量保障制度。

教学质量保障体系、评估方式和标准等的制定需遵循大学章程。

第四十三条 根据本章程第九条中的规定，自大学建校起四年后，大学应安排由大学理事任命的非学校工作人员作为评估员对大学教学工作进行评估，并且向大学理事会提交报告以及对外公示，之后每四年进行一次评估。

教学工作评估要以大学章程第七条为指导原则，大学理事会以第二十一条第（一）项作为评估标准，从学校工作人员、学生、毕业生、雇主或者就业单位领导以及和学校相关人士等方面开展评估。

教学质量评估报告还应指出教学工作的具体改进措施，教学工作或者部门能否继续运作。

第四十四条 大学理事会按照第二十五条第（二）项制定标准、程序和期限等规定，由学术政策委员会对大学专业设置、教学计划和考核标准等开展评估论证。

第四十五条 大学理事会按照大学章程规定的标准、程序和期限对校长和各职能部门主任进行绩效评估。

第四十六条 校长按照大学章程规定的标准、程序和期限对大学教职人员进行业绩评估。

第四章 账户审计

第四十七条 大学应建立健全并遵守相应的账户审计制度。按照大学职能划分，建立起与资产类型、债务、资金、收入和支出等实际情况相对应的账簿，同时还应附带有关各个条款的信息，并进行定期内部审计。

根据上述内容所涉及的账簿管理记录应符合国家财务会计准则。

第四十八条　在财政年度结束后的九十天内,向大学的审计员提交财务报表。财政年度的起止时间,以大学公布栏上的时间为准。

第四十九条　大学理事会任命由国家审计局或由国家审计局认可的第三方担任大学的审计工作,每年度对大学的账户中每一笔资金收支情况进行审计。

第五十条　审计员需要对大学所有账簿以及相关材料进行审计。因此,审计员有权询问大学理事会主席、校长和行政工作人员,并有权根据需要向上述人员索要其他必要的材料。

第五十一条　审计员应在财政年度结束后的一百五十天内向大学理事会提交审计结果和财务报表,以便由大学理事会呈报给相关部门领导。

大学定期公布当年的审计结果以及经审计员认证过的财务报表情况,除此之外,还要在财政年度结束后的一百八十天内制订出下一年的财务预算计划。

第五十二条　根据宪法规定,校长被任命为预防和抵制腐败行为的最高级别行政负责人。

第五章　管理与监督机制

第五十三条　为了践行大学的办学宗旨,总理有权利和义务监督管理大学,一切大学事务不能有悖于政府和内阁发布的政策。当大学事务有悖于国家政策并损害国家利益时,由总理呈报内阁,内阁将针对相关涉事人员进行裁定处理。

第五十四条　大学全部事务都必须通过总理呈送内阁。

第六章　学术职位

第五十五条　大学的教师一般分为以下职位:

(一)教授;

（二）副教授；

（三）助理教授；

（四）讲师。

教授由大学理事会推荐，国王直接任命。

同时，大学理事会在大学公示，也通过政府公布学术职位任命名单。

所任命的学术职位人员须严格遵守本章程中的教师职业道德和大学各项规章制度。

第五十六条 大学理事会可授予学识渊博、能力超群并且在某一学科领域颇有建树、且无违纪行为的退休教授荣誉教授的称号。

名誉教授的评定资格和聘任条件需要严格遵守大学的规章制度。

第五十七条 国王根据大学理事会的推荐任命学术成就卓越且非本校职工的在职特聘教师或曾任特聘教师、特聘助理教授、特聘副教授等为特聘教授。

特聘教授的评定资格、规则及聘任方式等严格遵守大学的规章制度。

第五十八条 大学理事会可以自行任命具有教学质量优秀且非本校职工的特聘教师或曾任特聘教师等为特聘副教授和特聘助理教授。

特聘副教授、特聘助理教授以及特聘教师的评定资格、规则及聘任方式等严格遵守大学的规章制度。

第五十九条 获得国王任命的教授、特聘教授或者被任命为名誉教授、副教授、特聘副教授、助理教授、特聘助理教授的人员长期享有学术职位和地位。

所有学术职位的名称缩写表示如下：

教授（Professor），名称缩写为 Prof；

荣誉教授（Honorary Professor），名称缩写为 H. Prof；

特聘教授（Distinguished Professor），名称缩写为 D. Prof；

副教授（Associate Professor），名称缩写为 A. Prof；

特聘副教授（Distinguished Associate Professor），名称缩写为 D. A. Prof；

助理教授（Professor's Assistant），名称缩写为 P. A；

特聘助理教授（Distinguished Teaching Assistant Professor），名称缩写为 D. T. Prof。

使用以上学术职位的名称或名称缩写都要遵循大学的规章制度。

第七章　学位和教育层次标志

第六十条　学位分为三个等级，分别是：

博士学位，称为博士（Doctor of Philosophy），名称缩写为 Ph. D；

硕士学位，称为硕士（Master of Science），名称缩写为 M. S；

学士学位，称为学士（Bachelor of Science），名称缩写为 B. S。

第六十一条　大学享有学位授予权，可以自主向大学所有专业毕业生、与国内外高等教育机构合作办学的专业毕业生颁发学历和学位证明。

所颁发的学位或学历证书，以及其他结业文凭要遵循大学的规章制度使用相应的缩写名称。

第六十二条　大学理事会制定关于一等优秀毕业生和二等优秀毕业生的评定规则。

第六十三条　大学理事会将文凭等级规定为以下四种：

研究生文凭，是授予攻读任何专业并获得硕士学位或与之同等学力后的毕业生。

学士文凭，是授予攻读任何专业并获得学士学位或与之同等学力后的毕业生。

大专文凭，是授予攻读任何专业但尚未获得学士学位前的毕业生。

结业文凭，是授予按要求修满专业学分的毕业生。

第六十四条　经大学理事会批准，大学向优秀毕业生颁发个人荣誉学位证书。但是该荣誉不能授予大学理事会主席、委员以及教师。

学位文凭及荣誉学位的评定标准参照大学的规章制度。

第六十五条 由于国王出席大学毕业典礼，并向毕业生颁发证书，大学需要制定关于导师和毕业生的着装标准和规范，并通过大学和政府网站同时公布。

第六十六条 大学制定关于不同层次毕业生的学位服与学位等级徽章的特征、样式、类型及其组成部分，这象征着毕业生所获得的学术成绩。同时也明文规定大学理事会主席、大学理事会委员、大学管理层和教师的导师服特征、样式、类型及其组成部分。

第六十七条 大学的校徽是根据拉玛五世王朱拉隆功国王的皇冠造型设计而成的。

大学审核各部门所使用的印章和徽章等，同时通过大学和政府进行官方公示。

大学明确规定将印章或徽章用于商业途径或者非学校利益时必须获得大学的书面授权。

第六十八条 按照大学的规定，学生及教职工人员要遵守着装要求，学生需穿大学校服和佩戴校徽。

第八章 惩处条例

第六十九条 导师服、学位服、徽章以及教职工与学生的制服等版权归大学所有，其他人无权抄袭或用作其他用途。一旦发现任何人冒充为本校学生或教师，将被处以最高6个月监禁，或处以最高50000泰铢罚款，或同时处以监禁和罚款。

第七十条 任何人

（一）伪造或仿造大学或大学部门的徽章；

（二）使用伪造或仿造的大学或大学部门的徽章；

（三）在任何物品、商品中使用或出现大学或大学部门的徽章；

都被视为违反本章程第六十七条。将被判处最长一年监禁或最高100000泰铢罚款，或两者皆罚。

如果任何人同时触犯第（一）项和第（二）项的罪行，则按照第

(二）项进行处罚。

触犯第（三）项的罪行可酌情处罚。

临时条款

第七十一条 1979年版大学章程中针对大学所有事务、资产、权力、债务、义务、预算以及收入等规定，在2008年版大学章程中仍然具有法律效力。

第七十二条 依照1979年版大学章程任命的大学理事会和教师委员会将继续运作，直到依照2008年版大学章程选举出新一届大学生理事会和教师委员会。

通过1979年版大学章程设立的机构或大学理事会批准成立的机构，作为大学的一部分，直到大学根据2008年版章程第九条规定对大学下设机构进行重新公示。

从2008年版章程生效之日起两年内，大学理事会可对大学下设机构进行调整和重组，以便更加高效地处理大学事务。

第七十三条 1979年版大学章程中的大学理事会主席、大学理事会副主席、大学理事会委员、教师委员会主席和教师委员会委员，在本章程生效之日时仍维持现有职位，并履行相应职务职责，直到2008年版章程生效之日起的一年内根据新章程选举出新一届大学理事会和教师委员会。

第七十四条 2008年版大学章程生效之日，1979年版大学章程中任命的校长仍然需继续担任，直至任期届满。但如果校长是大学级别公务员，就必须在2008年版大学章程生效之日起十五天内主动申请成为大学职工。

当第一款中规定的十五天期限截止，校长未能主动申请成为大学职工，需要卸任校长职务，并根据第七十八条第（二）项进行处理。

1979年版大学章程中的副校长以及校长助理在本章程生效之日起可以继续任职，直至更换校长。

第七十五条 1979年版大学章程中的校长、院长、系主任和各部门主管，在 2008 年版大学章程生效之日起仍可继续担任原来的职位，直到任期结束。

担任副职或助理职位的人员继续担任该职务，直至校长、院长、系主任和各部门主管离职。

第七十六条 校长、院长以及部门主管或其他负责人的任期，应以 1979 年版大学章程为依据。

第七十七条 将 1979 年版大学章程中所有的公务员、雇员、工作人员和教职工，转移为 2008 年版大学章程下的公务员、雇员、工作人员和教职工。

根据高等教育机构级别公务员制度和财政部关于政府聘任人员管理制度，大学将统一进行人事管理，向公务员和雇员发放政府下拨的工资和其他补贴。

当高等教育机构级别公务员制度和财政部关于政府聘任人员管理制度中的规定与 2008 年版大学章程内容不一致时，或出现因为一些原因不适用国家规定时，将依照 2008 年版大学章程处理。

第七十八条 第七十七条中提到的公务员或雇员：

（一）从 2008 年版大学章程生效之日起九十日内需要主动申请更换身份成为大学的教职工或雇员；

（二）从 2008 年版大学章程生效之日九十日内，但不超过四年，申请更换身份成为大学的教职工或雇员，当学校针对申请人进行逐个评估之后，认为申请人的知识和能力符合学校要求，可免实习期直接成为教职工或雇员；

（三）在第（二）项所规定的时间之内，主动申请更换身份成为大学的教职工或雇员，如果大学认为录用此人工作对大学有利，并有录用人员名额，可根据 2008 年版大学章程条款内容录用。

按照 2008 年版大学章程规定提交申请，并且在提交申请后不可撤回。

第七十九条 第七十四条和第七十八条中被录用为教职工或大学雇员的人员，其所获得的工资、福利和其他补贴不低于原有待遇。

第八十条　根据第七十四条和第七十八条被录用为大学教职工的人员被免除公务员身份，因此可以根据公务员退休金法和就职年份获得相应的离职补贴。

根据第七十八条被录用为大学教职工或雇员的人员被免除政府聘用的身份，并且根据财政部关于政府雇员的退休金发放规定领取离职补贴。

已成为政府养老金基金成员的公务员，即使退出已经不再是公务员，但会员所享有的权利继续保留。根据政府养老金法，其有权获得与公务员养老基金领取者相等的福利。

大学教职工有权享受与公务员同级别的养老金福利，不受社会保障法的约束，仍然享有自愿投保的权利。

第八十一条　在2008年版大学章程生效之日起，学术审查委员会仍然要行使职责，直到2008年版大学章程规定的专家委员会成立。

第八十二条　根据1979年版大学章程中成立的学院委员会、研究生院委员会、学院、研究所、中心和其他委员会，或大学理事会任命的职能机构，可继续履行其相应职责，直到2008年版大学章程生效之日起的一百八十日内任命或选举产生新的委员会为止。

第八十三条　1979年版大学章程中的教授、荣誉教授、特聘教授、副教授、特聘副教授、助理教授、特聘助理教授或讲师，在2008年版大学章程中可继续担任相同学术职位。

1979年版大学章程中的特聘教师，在2008版大学章程生效后可继续担任特聘教师，直到合同结束。

第八十四条　教授、副教授或助理教授根据第七十七条和第七十八条中的申请变更身份，其大学教职工与雇员的权利将不会改变。

第八十五条　如果大学里公务员和政府机构雇员的职位空缺，无论是在2008年版大学章程生效之前抑或之后，都应该取消这些职位，并且将职位名额、职位工资或职位补贴进行调整。

第八十六条　在2008年版大学章程生效之日起的两年内，需要根据新的大学章程规定制定一系列法规、条例或通知。

在新的法规、条例或通知未完全公布时，以 1979 年版大学章程中法律事务部所颁布的有关大学事务的法规、条例、规章、文告以及命令为准，沿用的 1979 年版大学章程中的法规不得与 2008 年版大学章程中的规定相违背。

签署人：素拉育·朱拉暖上将

（文献来源：https://www.chula.ac.th/wp-content/uploads/2018/05/act-chula-2551.pdf）

四、泰国玛希隆大学章程

由普密蓬·阿杜德国王于 2007 年 10 月 7 日颁布

普密蓬·阿杜德国王圣谕：

应调整有关玛希隆大学章程的要求，国王在国家立法院的介绍和允许下制定了以下章程。

第一条 本章程称为 2007 年《玛希隆大学章程》。

第二条 本章程在政府公报上公布后即日起正式生效。

第三条 撤销：

（一）1987 年《玛希隆大学章程》；

（二）1988 年《玛希隆大学章程》（第二版）。

第四条 本章程内容：

"学校"为玛希隆大学。

"大学委员会"为玛希隆大学委员会。

"学院"为根据玛希隆大学规定所建立的校内学院。

其他部门具有与学院同等地位。

"教师委员会"为玛希隆大学教师委员会。

"学校职工"为玛希隆大学职工。

"学校教职工"为玛希隆大学职工、公务员及玛希隆大学管辖事务下的雇工、学校收入所雇职工和学校外部组织赞助所雇职工。

"部长"为本章程的责任人。

第五条 根据玛希隆大学章程，玛希隆大学是该章程下的一所大学和法律实体。

玛希隆大学的主管部门为政府。根据国家行政管理法律条例、国家教育行政管理法律条例和相关调整国家部门、政府部门、行政机关的法律条例，玛希隆大学不是政府单位。根据预算法及其他相关法律，玛希隆大学不属于国营企业。

第六条 国家教育部部长为本章程的责任人。

第一章 总 则

第七条 学校为高等教育机构，由普密蓬·阿杜德国王御赐校名。学校的办学宗旨是创造、发展、汇集、应用一切知识，进行知识体系的学习，包括传播知识，促进健康与卫生的防护，维护宗教、艺术、文化、环境及体育，并用来造福社会。

第八条 为实现第七条所述宗旨，学校有以下义务与责任：

（一）学术研究，包括鼓励和支持学术研究，通过学术研究为创建和发展知识体系和用知识造福国家社会发展及对学校产生益处；

（二）学士培养符合国家教育计划及国家经济和社会发展计划。重点培养学士的专业知识能力、社会道德、社会自觉能力及对知识学习的渴望；

（三）鼓励应用和发展学术及高等职业教育；

（四）使医疗服务、护理服务、公共卫生健康服务和学术服务及专业服务得到国家认可，达到国际水平；

（五）为不断调整学习过程而进行研究和发展；

（六）支持并鼓励其他学院工作人员参与到创造和发展知识体系中，传播交流知识体系；

（七）上述第（一）项至第（六）项可进行国际院校合作；

（八）推进和维护宗教、艺术、文化，包括爱护自然环境，合理使用自然资源，保持生态平衡。

第九条 为实现第七条所述宗旨、第八条所规定的学校应具有的义务和责任，学校规定：

（一）学习机会平等；

（二）学术卓越，学术研究自由，学术标准及质量得到国际认可；

（三）恪守（学术）道德规范；

（四）对国家和政府公开、透明、负责；

（五）行政管理的效率和效果；

（六）工作人员参与式管理。

第十条 学校工作机构：

学校的工作机构分为大学委员会办公室、校长办公室、学院、系。

为了执行第七条本章程的宗旨，玛希隆大学允许有其他的学校部门存在。

校长办公室有权利和义务管理整个学校的事务，或遵照大学委员会的委托管理学校事务。

学院有义务开展学士和硕士水平的教育教学，进行科学研究并将研究成果加以利用，并用其服务于学术方面。

大学委员会办公室、校长办公室、学院、系以及其他的学校部门可以将其部门分成若干个单位。

第十一条 按照第一条和第二条，学校部门的建立、合并或取消需要在学校和政府公报进行通告。

根据第十条第五款，学校部门的单位分配和调整需要在学校进行通告。

执行此条款时，重要的是要考虑学术质量、节约预算、精简和增加效率。

第十二条 按照第七条，学校可接受其他高等学校和机构的加入并有权向所加入的高等学校的毕业生颁发学士学位、副学士学位或其他文凭。

对其他高等学校或机构的加入和废除需要按照第一款在学校和政府

公报上进行通报。

对所加入的高等学校或机构的管理需要遵守学校的规定。

第十二条 根据第七条所述宗旨，学校可以与其他国内外高等学校或机构合作开展教育教学活动。此外，学校还有权向所合作的高等学校的毕业生颁发学士学位、副学士学位或其他文凭。

教育教学活动的开展或取消需要在学校和政府公报上进行通报。

第一款的执行需要遵守学校的规定。

第十四条 学校的事务不受劳动保护法和劳资关系法的制约。

第十五条 学校有权利和义务按照第七条的规定执行各种事务，如以下的权利和义务：

（一）为了学校利益有权进行买、卖、建立、配备、转让、受让、租购、出租、变更和出售或其他等法律行为以获得所有权、管理权或财产权，或有权通过知识产权来获益，通过出售国内外的财产来获益，以及获得赞助者或捐赠者的现金和财产。

学校的不动产是可以出售和变更的，特别是得到第十八条允许出售和变更的不动产。

（二）根据签订的协议和有关规定，有权收取手续费、维护费、酬劳费、罚款和各种服务费。

（三）有权与政府、私人机构，国内机构和国际机构进行合作。

（四）为了学校利益有权进行以个人或财产作为担保的贷款和借款、投资或合资。

如果进行的贷款、借款、持股、参股、投资或合资的金额超过了部长规定的用款额度，需要提前得到大学委员会的同意。

（五）为了投资而发行债券需要得到大学委员会的同意。

（六）工资或红利的规定，包括给予教职工的福利、特权以及其他权益，都需要按照学校的规定进行。

（七）用于进行各种事务的资金支付需要按照学校的宗旨进行，即遵守学校的资金管理规定。

（八）给予学术和教职工持续性的发展。

（九）可对学校的财产和按照国家财产法规定的国家财产进行管理、维护、处理、使用以及谋取利益。

（十）为了执行学校的相关事务，公开研究成果以及为学校的收入获取利益，可与他人合作建立私人机构，包括与他人进行投资或合资以及其他个人行为。

第十六条　学校的收入有以下来源：

（一）每年都会得到的政府补贴；

（二）捐赠者给予学校的现金和财产；

（三）政府设立的基金和基金的收益；

（四）手续费、维护费、酬劳费、罚款和学校的各种服务费；

（五）执行第十五条第（四）项和第（十）项以及从学校财产获得的收益；

（六）从国家财产中获得的收益，或从学校管理和使用的国家财产中获得的利益；

（七）其他的收入及其收益。

按照第（一）项，政府所给予的补贴只够用于符合学校办学宗旨的开销，以及在学校责任之内开展高等教育的开销。

当政府对公务员的月薪、职位津贴、酬劳费或福利进行调整的时候，政府也需要对学校的补贴预算增加相应的比例，以作为学校给予职工的开销。

学校的收入不需要按照财政储蓄法和预算流程法上交至财政部。

按照第（一）项，当政府给予的补贴不足以支付学校的开销和其他合理的费用时，且学校再无其他的资金来源，政府需要按照学校的要求向学校增加补贴。

第十七条　学校需要向有实际经济困难的学生给予帮助和支持，使得他们有机会能够完成学士学位的课程学习。

按照学校规定的判断规则和方法来对有实际经济困难的学生进行认定。

第十八条　通过获赠，或以所得收入购买，或以学校财产交换，或以其他方式所得的所有不动产不属于国家财产，仅归学校所有。

第十九条 用于教育教学、研究和直接的学术服务的学校财产将不受任何制约，包括管理的制约。任何人都不得在学校财产方面以年长来作为与学校斗争的理由。

第二十条 学校的所有收入和财产都需要进行管理以完成第七条所述的学校宗旨。

捐赠者捐给学校的现金和财产需要按照捐赠者的要求进行安排。如果要变更之前所规定的条件时，需要得到捐赠者或捐赠者的继承人的同意。如果捐赠者无继承人或其继承人不做表态时则需要得到学校理事会的同意。

第二章 执行条例

第二十一条 大学委员会的组成：

（一）大学委员会主席，由国王委任。

（二）十五位大学委员会委员，由国王从校外人员中委任。

（三）校长。

（四）教职工委员会主席、校友会主席。

（五）大学委员会理事一人，从大学范围内非固定教职工的执行人员中选举一人。

（六）大学董事会成员十人，从固定教职工中选举出五人，学院及同等级别管理层中选举出五人。

根据大学的章程，大学委员会主席和大学委员会资深董事的资格要求及招募方式将参照第（二）项。

大学委员会理事及董事会成员的资格要求和招募方式将参照第（五）项和第（六）项，而且必须从高等教育委员会推荐的人员名单里选取一名资深董事。

由大学委员会在大学董事会中甄选一名资深董事作为大学委员会副主席，且当大学委员会主席无法执行主席职责或无人担任主席一职时，应由副主席接管主席的职责。

当大学委员会副主席不能履行职责或无人担任副主席一职时，应由大学委员会在大学董事会中甄选一名资深董事来接管副主席的职责。

由大学委员会任命一名副院长来担任大学委员会的秘书长一职，且任命大学委员会的办公室主任来担任大学委员会秘书长助理。

第二十二条　根据第二十一条中的第（一）项和第（二）项，大学委员会主席和委员以及大学董事会的资深董事，每届任期为四年，且由国王来任命下一任人选。

根据第二十一条中的第（五）项和第（六）项，大学董事会成员每届任期为两年，下一任人选可通过选举产生。

第二十三条　第二十一条中第（二）项、第（五）项和第（六）项所提及的大学委员会主席、委员、理事及大学董事会成员除了如第二十二条中所述任期结束自然离职，在以下情况下依然视作离职：

（一）死亡；

（二）辞职；

（三）大学委员会一致决议革其职；

（四）缺乏任职资格；

（五）被法院判决坐牢、监禁等；

（六）个人破产；

（七）能力不足以担任其职。

在大学委员会主席或者大学委员会理事的职位以某种理由空缺或其无法履行职责时，由大学委员会联合大学董事会共同行使空缺职位的权力及履行职责。

若大学委员会主席或大学委员会理事在任期未满期间离职，则由国王任命新主席或由大学委员会直接推选出一名新理事来代替，新人的任期为离职人员的剩余任期。但若原职位所剩任期不足九十天，则无须任命或推选新人来接替。

在大学委员会主席或资深董事，或大学董事会成员任期已满自然离职后，但国王还未任命新一届主席或资深董事，或还未选举出新一届大学董事会成员时，由上一任已离职的大学委员会主席或资深董事，或大学董事会成员继续任职直到选举出新一任人选为止。

第二十四条 大学委员会具有管理和监督大学日常事务的权力和职责，具体如下所述：

（一）设立目标，制定政策，规划大学发展方向。

（二）出台有益于大学行政工作的相关规章制度及宣传方案，且大学中的任何机构和部门都可委托大学委员会为其出台专门的规章制度和宣传方案。

（三）出台大学个人管理工作规章制度。

出台第（三）项所提到的规章制度时必须做到公平公正，建立奖罚制度时需参考大学雇员及工作人员的意见。

（四）出台管理学校经费、物资及财产相关的规章制度。

（五）审批学校发展及活动计划。

（六）审批组织、参与及解散第十条中所提到的学校机构，包括所提及的学校机构内部的单位。

（七）审批与高等学校或其他学校的合并或取消合并的计划。

（八）审批与其他高等教育机构合作的学术研究安排。

（九）审核教学质量及教学大纲，包括调整、缩减及删除教学大纲。

（十）审批学校及学校与其他高等教育机构合作的学术单位的本科学位、专科学位及毕业证书，包括名誉学位。

（十一）审核并筛选且执行各项决议以便国王任命或撤职大学委员会主席、资深董事以及校长。

（十二）审核并执行各项决议以便国王任命或撤职普通教授及特殊教授。

（十三）享有对荣誉教授、副教授、特殊副教授、助理教授、特殊助理教授及第五十五条中所提及的持有其他学术头衔的学者的任命及撤职权。

（十四）享有对副校长、院长、主任及其他职能部门负责人的任命及撤职权。

（十五）制定教学大纲范围、教职工收入分配、福利待遇及学校投资等相关政策。

（十六）批准学校收支经费预算。

（十七）紧密关注且评估校长及各个部门负责人的工作成果。

（十八）保管学校年度工作报告，且将其上报给总理。

（十九）根据大学规定设立委员会，如申诉委员会、投诉委员会、行政审查委员会、小组委员会，都在大学委员会的管辖内，因此需遵守学校的各项规章制度和准则。

（二十）履行学校内非特定个人或单位业务相关的其他职责。

第二十五条 大学委员会的会议和程序应符合学校的规定。

第二十六条 应设立由大学固定教职工组成的教职工委员会。

教职工委员会的成员数、职务范围、具体准则、任期内品行及离职事宜，应由教职工委员会根据大学规定经过会议及标准程序后确定。

第二十七条 教职工委员会具有以下权力及职责：

（一）向大学委员会和校长定期提出有关大学日常管理事务方面的建议；

（二）向大学委员会和校长定期提出关于大学专业标准和道德规范的意见与改进建议，且根据大学规定，按照如上所述的标准和道德规范做好监督和执行工作；

（三）向大学委员会和校长定期提出有关发展教职工专业实践技能的意见与建议；

（四）紧密关注并评估大学教职工专业技能熟练程度；

（五）推举并拥护大学荣誉教职工制度；

（六）履行大学委员会或校长指定的其他职责。

第三章　行政管理

第二十八条　校长为大学最高指挥官，负责大学的管理工作。同时设立副校长或校长助理一职，具体根据大学委员会所规定的职位数量所定，并由校长指定具体的职责范围。

第二十九条　校长将由国王从大学委员会举荐的候选人（第三十三条中提及）中选择并任命。

选举校长的方式和规则需符合学校的规章制度。

根据第三十三条第二款，副校长由校长从候选人中提名，再由大学委员会任命。

根据第三十三条第二款，校长助理由校长从候选人中直接任命。

第三十条　校长每届任期四年，任期届满可连任，但不能连任超过两届。

当校长离职时，副校长和校长助理也同时离职。

第三十一条　除根据第三十条的情况校长需要离职以外，还有以下情形的，校长应当离职：

（一）死亡；

（二）辞职；

（三）被判处无期徒刑；

（四）个人破产；

（五）丧失能力者；

（六）大学委员会决定罢免其职务，且同意罢免的票数超过在场委员会成员人数的一半；

（七）根据第三十二条第三款，大学委员会决定让其离职的；

（八）根据第三十三条，缺乏资格或有违禁行为。

第三十二条　从由国王任命之日起至两年期满，大学委员会将对校长采取绩效考核。

根据第一款，校长的绩效考核需符合学校的规章制度。

根据第一款，在校长没有通过绩效考核的情况下，大学委员会采取投票的方式进行民主评议，若同意罢免校长职务的票数超过在场委员会成员总人数的一半，则决定免去其职务。

第三十三条 校长需要取得博士或博士以上学历，毕业于与玛希隆大学同等的大学或大学委员会认可的其他高等学校，担任过教授、特聘教授或名誉教授等职务，同时具备学校规章里规定的资格和无其他违禁行为在内。

副校长和校长助理需要取得本科学历，毕业于与玛希隆大学同等的大学或大学委员会认可的其他高等学校，同时具备学校规章里规定的资格和无其他违禁行为在内。

第三十四条 校长是学校的法定代表人，并行使以下职权：

（一）行政管理需要遵从学校的政策和办学宗旨；

（二）管理学校的资产和其他财产需要遵从学校的规章制度以及公告；

（三）任命和罢免校长助理、二级学院副院长、副主任、其他各部门副主任、部门内部主任和副主任、（医院）院长和副院长以及特聘教师；

（四）任命、处分及开除学校教职工均需遵从学校相关的规章制度；

（五）组织拟定和实施发展规划，执行学校的工作计划和政策，以及监督和评估学校的各方面工作；

（六）从各处获取收入和其他资源以支撑学校达到目标，并组织拟定经费预算提交给大学委员会；

（七）提交关于学校各方面工作的年度报告给大学委员会；

（八）行使法律、法规、章程以及学校公告或大学委员会赋予的其他职权。

第三十五条 在大学委员会办公室、校长办公室里，安排一名主任做负责人并负责部门的工作，而且要按照大学委员会规定的人数安排副主任协助主任执行任务和负责相关工作。

根据第一款，主任的任命需符合学校人事管理的规章制度。

第三十六条 在学部里，安排一名得到校长授权的副校长作为负责人并协助校长负责学部的相关工作。

第三十七条 在每个学院和其他各部门里，安排一名二级学院院长或一名主任作为负责人并负责部门的工作，而且要按照大学委员会规定的人数安排二级学院副院长或副主任来协助二级学院院长或主任执行任务和负责相关工作。

根据第一款，二级学院院长或主任需要取得本科学历，或者毕业于与玛希隆大学同等的学校或大学委员会认可的其他高等学校，同时包括学校规章里规定的资格和无其他违禁行为在内。

二级学院院长或主任任期为四年，任期届满可连任，但连任不能超过两届。

在学院或其他各部门里的管理工作，包括二级学院院长或主任，选择权利与义务的方式都需符合学校的规章制度。

在任期届满之前二级学院院长或主任离职，通过遵从第四十条和第四十一条中的规定实施代理职务制度，不过最终还要视具体情况而定。

二级学院副院长或副主任是由二级学院院长或主任从与他们有相同资格的人中提名，再由校长来任命和罢免，不过最终还要视具体情况而定。当二级学院院长或主任离职时，二级学院副院长或副主任也同时离职。

第三十八条 根据第十条，在部门内部工作单位中，安排一名主任作为负责人并负责单位的工作，且可能安排副主任来协助主任执行任务和负责相关工作。

主任和副主任的任命、资格评定、任期以及离职都需符合学校的规章制度。

通过遵从第四十一条中的规定实施第一款中代理主任制度。

当主任离职时，副主任也同时离职。

第三十九条 根据第十条第二款和第五款，在设有医院的情况下，安排院长作为负责人并负责医院的管理工作，且可能安排副院长来协助院长执行任务和负责相关工作。

院长和副院长的任命、资格评定、任期以及离职都需符合学校的规章制度。

通过遵从第四十一条中的规定实施代理院长制度。

当院长离职时，副院长也同时离职。

第四十条 任职校长、副校长、校长助理、二级学院院长、二级学院副院长、主任、副主任、（医院）院长和副院长的人，只能担任上述一个职务。

根据第一款，任职者若保留上面所说的另一种代理职务，则不超过一百八十天。

第四十一条 在校长不能履行职责的情况下，让副校长成为代理职务者。如果有多个副校长，就让校长授权给副校长成为代理职务者，如果校长不能授权，就让最有资历的副校长成为代理职务者。

在没有人担任校长或没有人担任第一款中的代理校长，或没有能履行义务的人的情况下，则根据第三十三条第二款让大学委员会任命有资格的人成为代理职务者。

在任命校长成为委员或授予其任何权利与义务具有法律效力的情况下，代理职务者有成为委员的权利与义务，或在代理职务期间，代理职务者与任职者具有同样的权利与义务。

第四十二条 为了在学院、学部或其他各部门中更好地履行职责，校长可授权给二级学院院长、主任或其他各部门主任，在部门里代替校长履行职责。

从校长那里获得授权的二级学院院长、主任或其他各部门主任，也可以授权给二级学院副院长、副主任或其他各部门副主任。当得到校长的同意时，获得授权的人将代替授权人履行职责，以便让授权人按照校长的授权去履行职责。

第四章　质量保证和评估

第四十三条 为了提升教学质量和教育水平，学校开展教育质量保证和研究工作。

制度、规则和教学保证方法根据大学准则第一条进行研究。

第四十四条 自学校根据第十条设立各部门起，学校举办评估会。大学委员会任命的评估人不能为在校职工，评估人需向大学委员会报告评估结果并公之于众，每四年评估一次。

大学委员会根据第二十四条第（一）项制定评估规则，通过查询学校教职工、大学生、成功学者、学者导师和大学里的其他相关人员的资料来进行评估。

第一款中的报告需要指出以上各部门应该在工作上有怎样的改进或以上各部门及其内部机构能否继续存在。

第四十五条 遵照学校章程中的期限，遵照一定的规则和第四十四条所规定的方法进行评估。

第四十六条 当大学的课程学习期限满一年后，即可开展教学课程评估和课程的成绩考核。大学委员会任命的评估人不能是在校职工。评估人按照上述内容应每五年进行一次评估，评估时间也可短于大学委员会规定的时间。

在第四十四条第二款和第三款的引导下可指导和评估学校的课程，但仍要遵循本条的第一款来进行。

第五章 账目和检查

第四十七条 按照学校的各部门划分，学校商讨和制定合适的账目制度。账目的事项按照财产的种类划分，其中债务、资金、收入和支出连同账目内容和定期的账目检查都要确保真实性。

上述账目的记录应符合公认的会计标准。

第四十八条 学校将拨款和账目收入及支出在年终账目结算日后的九十天内呈送给学校查账员。

学校的起始日和年终账目结算日，详情需参照学校公告。

第四十九条 国家审计局或由国家审计局同意大学委员会委任的人

为学校查账员，该人负责账目证明和大学每年的各项财政。

第五十条 为了有权查问校长和在校职工，赋予查账员检查账本和与学校相关的基本文件的权力。学校向查账员呈上所有账本和与学校相关的各种文件以作为补充说明。

第五十一条 自年终账目结算日后的一百五十天内，查账员应向大学委员会对所查询的账目和财政做出报告，大学委员会再向部长报告。

第五十二条 由大学委员会任命的大学行政监察委员负责监督校长、系主任、行政部主任以及各部门主任的工作。

各部门的数量、行为规范、规则和工作方法，以及董事的任职和离职时间，乃至会议召开程序、个人权利、个人职责和行政监察委员会的工作方法都需参照大学章程制定。根据第二十一条第（二）项大学委员会委员在大学行政监察委员会中所占的比例不少于30%。

大学行政监察委员会办公室履行大学行政监察委员会行政部的义务以及负责委员会委托管理的其他事务。大学行政监察委员会秘书长是大学委员会办公室的领导和负责人，其权力和大学委员会主席相当。

第五十三条 按照宪法反腐条例，设立校长为学校的最高权力者。

第六章 监督和管理

第五十四条 部长有权和有责任按照章程第七条的办学宗旨来监督和指导大学各事务，但要符合政府政策或与学校相关的会议决议一致。在有矛盾分歧的情况下，学校需处理好公众损失，部长应当给予决议审查意见。当会议制定好规章制度，相关负责人要按照规章制度去执行工作。

第五十五条 学校提议给会议的所有事务需要遵从本章程的规章制度，由部长作为提议者。

第七章　学术职位

第五十六条　学术职位：

（一）教授；

（二）副教授；

（三）助理教授；

（四）教师。

教授职位，是在大学委员会的推荐下，由国王御赐设立的。

大学委员会可能会设立其他的学术职位，届时大学委员会将在政府公报上发布相关声明。

设置或取消学术职位的评定资格、规则以及方法都必须符合学校的相关规定。

第五十七条　特聘教授职位，是在大学委员会的推荐下，由国王御赐设立的。

设置或取消特聘教授的评定资格、规则以及方法都必须符合学校的相关规定。

第五十八条　有能力或者在某学科有建树的教授，如果在没有过错的前提下离职，大学委员会可以将其聘为该学科的荣誉教授。

设置或取消荣誉教授的评定资格、规则以及方法都必须符合学校的相关规定。

第五十九条　大学委员会成员应由能力适合的人选担任，且不得是学校特聘教师、特聘副教授或者特聘助理教授。

学校校长应由能力适合的人选担任，且不得是学校特聘教师、特聘副教授或者特聘助理教授。

设置或取消特聘副教授、特聘助理教授和特聘教师的评定资格、规则以及方法都必须符合学校的相关规定。

第六十条　得到国王御赐担任学校教授、特聘教授，或者担任荣誉教授、副教授、特聘副教授、助理教授、特聘助理教授，或者按照第五十六条提到的其他职位的一切个人，有权利永久使用以上职位名称作为头衔。

根据第一款使用字母前缀和以下简称：

教授，简称 S；

特聘教授，简称 S（特聘）；

名誉教授，简称 S（名誉）；

副教授，简称 LS；

特聘副教授，简称 LS（特聘）；

助理教授，简称 PS；

特聘助理教授，简称 PS（特聘）。

对于学术职位的其他称呼字母前缀的使用要与学校的规定相符。

第八章 学位和学术成绩

第六十一条 学位分为三个等级，分别是：

博士，称为博士学位，简称 D；

硕士，称为硕士学位，简称 M；

学士，称为学士学位，简称 B。

第六十二条 大学有权在其教学领域授予学位或文凭证书。对学校与国内或国外的高等教育机构合作办学的专业联合授予学位以及学位证书。同时规定专业具有的学位、副学士或文凭证书的等级，包括专业的简称，使之与学校规定相符并公布于政府公报。

第六十三条 大学委员会规定本科毕业生可获得的一等荣誉学位或二等荣誉学位。

第六十四条 学校有权向大学委员会认可且有资历的人授予荣誉学位。根据第二十一条上述学位将对于教师团队、在学校担任各种职务的人员、大学委员会主席无效。

学位等级及授予荣誉学位的原则要与大学规章制度相符。

第六十五条 学校可规定学术礼服或学术徽章作为被授予学位者的学历象征。同时可规定大学委员会主席、大学委员会行政人员、学校教职工的固定服饰。

规定学士服特色、类型、组成部分，学术徽章，学士服等级，使之与大学规定相符同时公布于政府公报。

学士服、学术徽章及固定学术服无论用于任何场合、任何条件下都要与学校的规定相符。

第六十六条 大学委员会可规定学校或学校办公部门的印章和标志，用于对外宣传并将其公布于政府公报。

为了商业贸易或并不是为了学校的利益而使用印章和标志，根据情况需得到学校或学校办公部门的批文。

第六十七条 大学委员会可规定学校学生及教职工的穿着，包括制服和标志，使其符合学校规定并公布于政府公报。

第九章 处罚条例

第六十八条 任何人在无权使用学生和学校教职工的学士服、学术徽章、制服、标志的情况下使用或模仿上述物品，以表明自身学位、文凭或在学校担任何种职务，此举旨在让他人误以为拥有职权或学历的，将处以不超过六个月的监禁或不超过50000泰铢的罚款，或者两者一并处罚。

第六十九条

（一）无论是以何种颜色或以何种方式伪造、模仿学校或学校办公部门的印章、标志、特征；

（二）使用伪造、变造学校或学校办公部门的印章、标志、特征；

（三）违反第六十六条第二款使用学校各部门的印章、标志，或出现在物件或任何商品中；

应处以不超过一年监禁或处以10万泰铢的罚款，或者两者一并处罚。

犯罪人员违反第（一）项意味着违反第（二）项，根据第（三）项有犯罪行为但较轻者将处以一年监禁。

过渡性条款

第七十条 根据1987年玛希隆大学章程和1998年玛希隆大学章程转让学校所有事务、财产、职权、债务、预算及收入。

第七十一条

（一）根据玛希隆大学1987年章程以薪酬雇用直属于玛希隆大学的公职人员。条款自生效之日起，用于约束民办高等教育机构、各办公部门或玛希隆大学的在职人员。这些在职人员根据章程在大学里任职，按具体情况分别隶属政府的公职人员和受雇于大学的雇员。

（二）上述公职人员与雇员在履行职责期间，有权晋升教授、副教授、助理教授，使之与高等教育机构在职人员的规章相符。根据第（一）项，为了公职人员和雇员在人事管理上的利益，将玛希隆大学视为公办，大学用国家预算来支付工资和其他款项。根据情况以高等教育机构在职人员相关条例或财政局有关政府雇员的相关条例来约束上述公职人员和雇员。

但在公职人员和雇员有权升职这一事项上，根据第（一）项，按财政部有关公职人员和雇员相关条例来约束。

（三）在高等教育机构在职人员相关条例或财务部有关政府雇员的相关条例与本章程相违背或不适用的情况下，应由大学委员会来处理与本章程不相符或不适用的部分。

第七十二条 根据本章程允许玛希隆大学用收入雇用的职工，在有效期内成为学校正式职工。

第七十三条 在第七十七条和第七十八条的约束下，根据第七十一条，从本章程生效之日起，政府公职人员或雇员想要根据本章程正式成为学校职工，应在一年内表明想成为学校职工的意图，经过学校同意成为学校职工。上述事项应按照大学委员会会规则和程序，通过学校发布的公告来确定。

根据第七十一条，政府公职人员或雇员在第一款规定的截止日期之后，表示想要成为学校职工的意图，学校应根据规定的规则和程序来评估上述人员，通过评估后即可正式成为学校职工。上述事项应按照大学委员会的规则和程序，通过学校发布的公告来确定。

根据第一款或第二款成为学校职工，领取工资、福利及其他报酬，将不低于根据本章程成为学校职工前所得到的工资、福利及其他报酬。依照第七十一条所述的公职人员以及学校用收入雇用的职工，若其职位不是按照本章程规定分配，则仍然保留其原来职务。

第七十四条 学校里所有空余的公务员岗位以及空余的雇员岗位或在本章程正式生效后减少的相关空余岗位，都将被取消，并将调整岗位指标和预算，包括月薪制职工的工资预算以及学校根据特定岗位订立的工资预算。以上的预算调整是对预算的合理调整，符合有关预算使用办法的法律规定。

第七十五条 本章程正式生效后，玛希隆大学职工将根据1987版章程的相关规定履行职责，直至有按照本章程第十一条设立或取消相关岗位的声明公布。

第七十六条 按照1987年章程规定就任的玛希隆大学委员会书记、副书记、大学委员会成员，将在本章程正式生效后继续履行其职责直至产生新的符合本章程规定的大学委员会，新的大学委员会应在本章程生效后的一百八十天内组织完成。

第七十七条

（一）按照1987年章程规定就任的玛希隆大学校长将在本章程正式生效后继续担任校长职务，直至任期结束。

（二）按照本章程规定，校长按照第（一）项从学校公职人员变为学校职工。本条第（一）款及第（二）项规定的内容对副校长以及校长助理同样适用。

（三）若按照本条第（一）项和第（三）项所述学校公职人员变为学校职工，将视作依照公务员养老金法案或公务员养老基金法案规定公职结束或者职务被废除，从而退出公职，具体措施视情况而定。

第七十八条 本章程正式生效六十天内，系主任、学科主任以及与学院具有同等地位的各部门主任将依照1987年章程的相关规定继续履行职责。

在本章程正式生效后六十天内若上述职务者有意向从玛希隆大学公职人员变为大学职工,则允许其在原来岗位继续任职,直至任期结束。

系副主任、学科副主任以及与学院具有同等地位的各部门副主任将继续任职,直至上述职务者离任。

本条第二款所述的学校的公职人员变为学校职工,将视作依照公务员养老金法案或公务员养老基金法案规定公职结束或者职务被废除,从而退出公职,具体办法视情况而定。

第七十九条 根据本章程第七十一条分配成为学校职工的高等教育机构文职公务员,从被分配成为校职工那天起就被视作依照公务员养老金法或公务员养老基金法案规定公职结束或者职务被废除,从而退出公职。

本章程第七十一条所述的学校雇用的职工将被视作由于官方取消职位而辞去职务,离职雇员可以通过财政部公布的退职金手续获得退职金。

按本章程第四条所述的学校职工,其养老基金资格将按照公务员养老基金法案规定执行。

第八十条 依照1987年章程规定就任的校长、系主任、学科主任以及与学院或者学部具有同等地位的各部门主任的任期,将根据本章程进行计算。

第八十一条 依照1987年章程设立的二级学院委员会、研究生院委员会、专科学院委员会、研究院委员会、中心委员会、办事处委员会和其他委员会,以及通过选举产生的各委员会委员,在本章程正式生效后一百八十天内可继续履行职责,直至根据本章程设立新的委员会或者选举产生新的委员会委员。

第八十二条 依照1987年章程任职的教职工委员会主席及其成员,在本章程正式生效以后可以继续履行职责,直至本章程正式生效后一百八十天内产生新的教职工委员会及其成员。

第八十三条 1987年玛希隆大学章程曾设立以下职位:教授、特聘教授、客座教授、副教授、特聘副教授、助理教授、特聘助理教授、教师。在本章程正式生效后上述职位将变成:教授、特聘教授、荣誉教授、副教授、特聘副教授、助理教授、特聘助理教授、教师。

依照1987年玛希隆大学章程设立的特聘教师职位,将在本章程正式生效后,可以继续任职特聘教师,直至任期结束。

第八十四条 为了实施本章程而发布的相关规章制度或者声明,须在本章程正式生效的三年内发布完毕。

在没有发布任何规章制度或者声明之前,为了保证本章程的执行,需要引用按照1987年玛希隆大学章程出台的条例、政府规定、高等教育部声明发布的规章制度,以上规定不得违背本章程的规定。

签署人:素拉育·朱拉暖上将

注:本章程的制定旨在使高等教育教学适应经济社会发展,推动国立大学向政府管理的非国立大学发展,实现高校管理自由化、便利化;通过坚持学术自由、学术卓越的办学理念,实现办高质量、高效率的高等教育的目的。本章程的制定是为了调整玛希隆大学管理方式与上述理念相契合。

(文献来源:https://www.eg.mahidol.ac.th/office/hr/index.php?option=com_content&view=article&id=15&Itemid=31)

五、泰国法政大学章程

本章程于 2015 年 7 月 16 日
即普密蓬·阿杜德国王在位七十周年颁布实施

普密蓬·阿杜德国王圣谕：

修订有关泰国法政大学的章程，正式核准生效。

因此在国家立法议会的提议和许可下，特颁布本章程如下：

第一条 本章程为 2015 年《法政大学章程》。

第二条 本章程自政府公报公布之日起满三十天后生效。

第三条 撤销：

（一）1988 年《法政大学章程》；

（二）1998 年《法政大学章程》（第二版）。

第四条 在本章程中：

"大学"是指法政大学。

"大学委员会"是指法政大学委员会。

"大学执行委员会"是指法政大学执行委员会。

"大学学术委员会"是指法政大学学术委员会。

"学术政策委员会"是指法政大学学术政策委员会。

"教师评议会"是指法政大学教师评议会。

"大学教职工委员会"是指法政大学教职工委员会。

"大学教职工"是指法政大学教职工。

"在大学的工作人员"是指大学教职工、公务员以及政府雇员。

"部长"是指负责本章程的部长。

第五条 原遵照 1988 年法政大学章程执行一切事务的法政大学,现作为独立法人,按现行章程执行一切事务。

依据国家行政管理法律条例、教育部行政管理法律条例和部、司、厅级机关改革法规规定,法政大学是受政府监管的单位,而不是政府机关单位。根据预算法和其他相关法律规定,法政大学也不属于国有企业。

第六条 本章程由教育部部长负责解释。

第一章 总 则

第七条 大学为学术教育和高职教育机构,一切以创造、发展、汇聚、应用知识为宗旨,推动在知识团体中学习并安排教学、传播知识。促进高等专业学术发展,研究高等专业学术服务于社会并扶持文化艺术,包括法政学、管理学、宗教学、道德学、哲学、科学、健康科学和环境科学的促进与发展。

大学致力于创造卓越的学术,成为大学的领军者,传播与创造知识,弘扬与引领文化,服务与奉献社会,培养德智体美全面发展、具有国际视野的高素质创新人才和未来领导者,推动国家繁荣、社会发展和人类文明进步。

第八条 为了实现第七条的目标,大学必须遵循以下原则:

(一)学术自由;

(二)学生的教育机会;

(三)卓越的学术,达到国际标准的水平和质量;

(四)品德高尚;

(五)向社会传播知识;

(六)对国家、社会、人民负责;

（七）高效有成果；

（八）善于管理；

（九）大学工作人员和学生的参与。

第九条 大学可分成的职能部门如下：

（一）大学委员会办公室；

（二）办公室；

（三）（高等学院的）系；

（四）（综合大学中或独立的）学院；

（五）研究院；

（六）办事处。

为了实现第七条的目标，大学可以设置与办公室、系、学院、研究院或者办事处等同地位但名称不同的部门。

依据第一条和第二条，设立、联合、改革、撤销部门要符合大学章程并在政府公报上公开声明。

第十条 大学的职能部门有以下职责：

（一）大学委员会办公室有义务支持大学委员会的运作；

（二）办公室有义务支持大学管理；

（三）系和学院有义务安排教育、做研究、用研究成果获益和提供学术服务；

（四）研究院有义务做研究，为学术研究提供服务或者安排教学；

（五）办事处有义务支持学术管理；

（六）不同名称的职能部门有义务履行职责。按照大学章程第九条第三款的规定，增加或改变职能部门要符合大学的章程并在政府公报上公开声明。

第十一条 根据第七条的办学宗旨，大学可以接受高等院校或其他机构进入大学合作办学，且有义务给任何一个从高等院校或其他机构完成学业的学生颁发学位、学历证书。接受合作和终止合作以及管理高等院校或其他机构要符合大学的章程并在政府公报上公开声明。

第十二条 根据第七条的办学宗旨，大学可以与高等院校、其他国内外教育机构和国际机构开展合作办学。在办学方面，大学有义务给在与大学合作办学的高等院校、国内外教育机构和国际机构完成学业的学生颁发学位、学历和证书。

学校办学或取消办学都要符合大学章程并在政府公报上公开声明。

第十三条 大学的事务不受制于劳动保护法和劳动关系法。

第十四条 为了实现第七条的办学宗旨，大学有以下权利：

（一）为了有益于大学事务，大学有权利实行买、卖、雇用、受雇、建设、采购、汇款、收款、租赁、出租、租购、交换以及出售等任意合法行为，以及有权利维护大学各种财产的所有权，或有权从在国内外分享自身所创造的知识产权中获益，以及接受捐赠者捐赠的财产。

出售或变更大学的不动产权，必须在第十七条所规定的范围之内进行。

（二）为了有益于教学和学术服务，实行无线电广播业务、无线电话、电信业务或信息技术。

（三）收取手续费、资助费、酬劳费、罚金以及在大学服务职能之内的服务费。

（四）与国家机构、私人机构、国外机构和国际机构合作，并按照第七条规定实行与办学宗旨相关的事务。

（五）为了有益于大学的业务，借款与贷款要以个人或财产、持股或入股、投资或合资进行担保。

如果借款或贷款、持股或入股、投资或合资金额超过部长规定的金额，必须得到内阁的批准。

（六）为了投资发行债券或其他证券要经过内阁批准。

（七）根据大学章程所规定的酬劳费或特殊报酬，包括给大学工作人员的福利、权益和其他利益，都要依照大学章程来实行。

（八）保证人才培养和学术持续发展，包括传播学术成果、研究成果和知识产权，使之实现其价值。

（九）成立的教育基金用于帮助需要资助和没有经济能力的学生安排专业课教学，各种事务的基金必须符合大学办学宗旨的要求，包括奖学金或科研奖学金。

（十）根据国家财产法，从管理、维护、处理大学事务中获得的任何利益都是合法的。

（十一）以独立法人身份或与他人合为法人成立机构，独资或与其他法人合资持续经营与大学相关的业务，发布研究成果并从中获益，以增加大学收入。

实施以上第（一）项、第（二）项、第（五）项、第（六）项、第（九）项和第（十一）项的规定应符合大学章程。

第十五条 大学的收入如下：

（一）政府每年分配的基本补贴（政府拨款）；

（二）捐赠者给学校捐赠的资助金（社会捐赠）；

（三）政府或者学校设立的基金以及基金的收益；

（四）各种手续费、资助费、酬劳费、罚金、服务费以及从各种签约合同中所得的收入；

（五）投资或共同投资的收入以及学校的资产；

（六）从投资、合资以及学校资产获得的收入；

（七）其他收入。

为了能够提高教育质量，成为国际一流大学，依据第（一）项的基本补贴，政府应直接分配足够的资金给大学，用于大学运作实现办学宗旨，发展大学所负责的高等教育所必要的支出。在政府调整薪资、职位津贴、酬劳费或其他权益给公务员时，政府以增加同样的补贴比例的形式给大学分配预算，同时作为上述学校工作人员的支出。

根据财政法、预算法或其他法律的规定，大学所得收入不一定要上交国家。

第十六条 大学必须鼓励并支持任何大学接收到学校里接受教育的学生，大学还要给予那些真正贫困的学生在校学习直至完成学业的机会。

根据法律法规规定，任何贫困生都必须遵守大学章程。

第十七条 大学所持有的不动产，不论是通过捐赠者捐献、大学的收入购买或学校财产交换，还是通过其他方式所得，均不属于国有财产，学校拥有所有权。

第十八条 为了有益于教育、科研、学术服务以及文化艺术保护，所使用的大学财产无须承担法律责任或管理限制。

任何人要延长法律的期限或管理期，不能与大学财产方面相抵触。

第十九条 为了实现第七条的办学宗旨，大学的收入和资产必须有序支配。

捐赠者捐赠给大学的资金必须按照捐赠者规定的条件支配。如果有必要改动捐赠者的规定，必须得到捐赠者或继承人的同意认可。如果没有继承人或继承人不出现，必须得到大学委员会的同意。

第二章　行政管理

第二十条 大学委员会的构成：

（一）大学委员会主席；

（二）校长、大学委员会主席由国王钦点，设立学术委员会主席和大学执行委员会主席；

（三）大学委员会中有一人担任副校长职务；

（四）大学委员会中有两人担任院长职务和担任与其有同等地位的科长职务；

（五）大学委员会中有一人担任研究所所长、办事处主任或与其等同的职务；

（六）大学委员会中有两人担任教师职务，其任期不少于五年并且没有担任过第（二）项、第（三）项、第（四）项和第（五）项中的职务；

（七）大学委员会中有一人担任教职工职务，其任期不少于十年并且没有担任过第（二）项、第（三）项、第（四）项和第（五）项的职务；

（八）大学委员会中有四十五人由大学校长和第（二）项、第

(三）项、第（四）项、第（五）项、第（六）项和第（七）项中的委员推荐入选。

当大学委员会主席无法履行职责时，大学委员会要选举一位有资格的委员担任副主席代替主席履行职责；或者主席、副主席无法履行职责及无人担任副主席时，大学委员会要选举一位有资格的委员代替大学委员会主席履行职责。

大学委员会主席和大学委员会中的委员的道德品质、行为准则要符合大学的规章制度，须从高等教育委员会的人员名单中选取一位有资格的委员进入大学委员会。

个人想报名入选成为大学委员会委员的要遵守第（三）项、第（四）项、第（五）项、第（六）项和第（七）项中学校的规章制度，入选的委员不超过一人。

大学委员会要选举一名委员担任大学委员会秘书。

第二十一条 大学委员会主席和第二十条第（四）项的委员的任期为两年，任期届满重新任命后也可继续担任。

第二十条中第（三）项、第（四）项、第（五）项、第（六）项和第（七）项中的委员任期为两年，任期届满也可继续担任。

第二十二条 大学委员会主席和第二十条中的委员除了依据第二十一条规定离职，还可以在以下情况下离职：

（一）死亡；

（二）辞职；

（三）不具备应有品德；

（四）缺乏工作能力；

（五）破产；

（六）被大学委员会撤职；

（七）被终审判决为监禁。

在大学委员会主席和大学委员会委员空置的情况下，大学委员会要尽可能地组织现有的委员顶替空置的职位。

在大学委员会主席和大学委员会委员任期结束前和任命前辞去职

务，或者有规定让他人来顶替职务的情况下，新成员的任期为空缺成员的剩余任期。但是如果剩余的工作期限少于九十天就不需要他人来顶替职务。

在大学委员会主席和大学委员会的委员任期结束辞去职务后，但还没有任命新的大学委员会主席、委员或者没有新的委员加入的情况下，由任期结束辞去职务的大学委员会主席和委员暂时继续担任职务，直至任命新的大学委员会主席、委员或者新委员的加入。

第二十三条 大学委员会有责任管理学校的日常活动，包括以下活动：

（一）为实现大学的办学宗旨，制定大学的发展政策方针；

（二）为了利于大学的运行发展，颁布大学的规章制度；

（三）颁布大学的人事管理规定；

（四）出台关于大学财务管理、土地管理、财产管理的规定；

（五）批准大学的博士学位、硕士学位、学士学位、副学士学位和大学或学院举办的高等教育文凭，包括批准荣誉学位；

（六）批准成立、解散大学单位；

（七）有权审查、任命、解聘大学委员会主席、大学委员会委员、校长、教授和特聘教授；

（八）聘任和解聘教授、副教授、特聘副教授、助理教授、特聘助理教授，及任命其他教学职务；

（九）聘任和解聘校长、院长、系主任和其他教学单位负责人；

（十）督查校长和各个教学单位负责人的工作进度；

（十一）批准添加男女同校管理或者取消高等教育学院的男女同校管理、批准教学大纲和整顿教学、取消教学大纲；

（十二）制定关于收入来源、寻找投资和其他资源的政策方针；

（十三）批准贷款、入股、加入合作组织和投资且需要根据上述第十四条第（五）项参与投资；

（十四）批准成立或加入他人成立的机构担任法人或者依据第十四条第（十一）项取消担任他人成立的机构法人；

（十五）批准大学的收入预算和开支预算；

（十六）承接大学每年的活动并向部长报告工作；

（十七）设立委员会、小组委员会，或任何个人在大学委员会职权管辖下的任何行为，包括下放权力到上述委员会、小组委员会以及个人，都应向大学委员会汇报；

（十八）促进和督促大学工作的良好运行；

（十九）自觉履行大学没有明文规定的职责。

第二十四条 大学的工作运行要依据大学的规章制度来进行。

第二十五条 大学理事会的构成：理事从校友会、大学教学领域专业协会及校外对学校、社会有贡献的人员中选举产生。

大学理事会有以下职责：

（一）对大学委员会和校长提出有利于学校和社会进步发展方面的建议；

（二）发动来自学校、校友和民众的智慧、力量来援助和支持学校的运行发展。

大学理事会理事的思想道德品质、行为准则、工作任期和离职的规定以及大学理事会的会议召开和运行要符合大学章程。

第二十六条 大学执行委员会的构成：由校长担任主席，由副校长、院长、（研究）院所或机构负责人、其他与二级学院或（研究）院所同等级处室的处长、学校顾问委员会主席和学校工会主席担任委员。

大学执行委员会任命副校长或者一名校长助理担任秘书，服从校长的安排。

第二十七条 根据大学章程，大学执行委员会有权制定大学发展规划，审查学校规章制度和学校公告，决定学校工作单位的设立、合并、变更、终止，并分配学校内部工作，开展学校的人事、财务和资产的管理工作，并为校长提供咨询和指导。

第二十八条 大学执行委员会的会议和运行要符合大学章程。

第二十九条 设立大学学术委员会，委员会主席和委员由大学的教授组成，大学学术委员会有义务为大学委员会提供学术建议。

大学学术委员会的委员人数、工作准则、选举方式、任职期限、主席和委员的辞职以及委员会的会议和运行要符合大学章程。

第三十条 设立学术政策委员会，委员会主席和委员由大学委员会任命。

学术政策委员会具有以下职权：

（一）向校长提出大学目标、学术方针、大学发展指南、大学教学发展计划的建议；

（二）向大学委员会就批准教学大纲和课程开设以及调整、兼并和取消教学大纲提供建议；

（三）向大学委员会就批准添加教育学院和其他研究学院的男女同校管理或取消男女同校管理提供建议；

（四）开展由大学委员会或校长指定的学术事务。

学术政策委员会的委员人数、工作准则、选举方式、任职期限、主席和委员的辞职以及委员会的会议和运行要符合大学章程。

第三十一条 设立教师评议会，评议会主席和委员在大学的教师中选举产生。

教师评议会的委员人数、工作准则、选举方式、任职期限、主席和委员的辞职以及教师评议会的会议和运行要符合大学章程。

第三十二条 教师评议会具有以下职权：

（一）为大学委员会和校长在事务管理中提供建议和指导；

（二）促进教师与学校之间、教师与教师之间的良好关系；

（三）行使大学委员会或校长授予的其他职权。

第三十三条 设立大学教职工委员会，委员会主席和委员由大学教职工组成。

大学教职工委员会的委员人数、工作准则、选举方式、任职期限、主席和委员的辞职以及委员会的会议和运行要符合大学章程。

第三十四条 大学教职工委员会具有以下职权：

（一）为大学委员会和校长在事务管理中提供建议和指导；

（二）促进学术援助人员与大学之间、学术援助人员与学术援助人员之间的良好关系；

（三）履行大学委员会或校长授予的其他职权。

第三十五条　校长为学校最高领导者，负责管理大学事务，并且与大学委员会指定的副校长，或者与校长助理，或者与副校长和校长助理一起来管理大学事务。

第三十六条　校长由国王恩赐、任命。校长一职的担任要符合第三十七条中的资格，其任期为两年，任期届满后可由国王继续任命担任校长一职，但连续任职不得超过两届。

校长除了在任职期间辞去职务，还要在以下情形中辞去职务：

（一）死亡；

（二）辞职；

（三）不符合第三十七条中的资格；

（四）无能或能力弱；

（五）破产；

（六）因缺乏责任、行为举止不当、能力下降或违反第三十七条第（二）项的，大学委员会有权通过全体委员投票来撤销校长一职，其票数超过全部票数的一半会被撤职；

（七）被终审判决为监禁。

由大学委员会重新任命符合第三十八条 第（一）项中资格的副校长担任校长一职。

由校长任命符合第三十八条第（二）项中资格的人来担任校长助理一职，校长有权撤掉校长助理一职。

当校长辞去职务时，副校长和校长助理也要辞去职务，并且本条第二款规定对副校长和校长助理同样适用。

第三十七条　校长应具备以下任职资格：

（一）学历不低于博士学位，毕业于大学委员会承认的与法政大学相当的大学或其他高等教育机构，并在大学委员会承认的大学或其他高等教育机构任教不少于两年；

（二）具有任一学历，毕业于大学委员会承认的与泰国国立法政大学相当的大学或其他高等教育机构，并且在大学委员会承认的大学或其他高等教育机构中任教不少于五年，或者曾担任大学委员会委员不少于两年。

第三十八条　副校长应具备以下任职资格：

（一）具有任一学历，毕业于大学委员会承认的与法政大学相当的大学或其他高等教育机构，并且管理经验不少于五年；

（二）具备学士学位，毕业于大学委员会承认的与法政大学相当的大学或其他高等教育机构，以学术援助人员身份执行学校事务不少于十年；

（三）具备大学章程中的其他资格。

校长助理由具有任一学历，毕业于大学委员会承认的与法政大学相当的大学或其他高等教育机构的人担任。

第三十九条　校长是大学所有事务的代表人，尤其应具备以下资格：

（一）根据法律法规、大学公告以及学校宗旨和方针来管理大学事务，并有权颁布大学规章制度、大学命令和大学公告；

（二）根据法律法规、大学公告来管理大学教职工、大学财务、大学设施和场所以及大学其他资产；

（三）制定大学发展规划，并监督大学方针政策计划的实施，包括监督评估大学各个方面的运行；

（四）为完成大学理想和目标任务，应从各种来源筹集资金及资源；

（五）聘任和解聘由部门主任举荐的部门副主任和特聘教师；

（六）聘任和解聘系主任、与系主任同等地位的其他人员、副院长、与学院副院长或办事处处长具有同等地位的其他人员；

（七）监督评估大学副校长、部门主任、院长、办事处处长或与这些职位同等地位的其他人员的业绩；

（八）向大学委员会提交关于大学各个方面的年度报告；

（九）履行法律法规、大学公告以及大学委员会授予的职责。

第四十条　在校长无法履行职责的情况下，由副校长担任代理执行人。如果有若干位副校长，校长委托一位副校长担任代理执行人。如果校长没有委托副校长担任代理执行人，由资历最高的副校长来担任代理执行人。

在没有校长或校长无法履行职责的情况下，或者如第一款中没有代理执行校长，由大学委员会依据第三十七条任命有资历的人担任代理执行人。

代理执行人拥有与被代理人同等的权力。

第四十一条　在系和学院中，院长作为执行人，负责系以及学院的事务。同时根据大学委员会规定设有副院长，履行职能以及负责院长分配的任务。

院长任期三年一届，可以重新任职，但不能连任两届。

院长由大学委员会依据第四十二条任命。

副院长由校长任命，由院长从第四十三条有资格的人中推荐。

当院长离职时，副院长也一并离职。

代理执行人将第四十条作为通用规则。同时，大学委员会任命代理执行院长时应依据第四十二条。

第四十二条　院长要完成某个阶段的教育或者具有大学学历，或者是得到大学委员会认可的其他高级教育机构的学历，同时在大学中教学或者在得到大学委员会认可的其他高等教育机构中教学不少于三年。

第四十三条　副院长要完成某个阶段的教育或者具有大学学历，或者是得到大学认可的其他高级教育机构的学历，同时具备不少于五年的工作经验。

第四十四条　系和学院设有系常务委员会和学院常务委员，由院长担任主席。

常务委员会的组成、人数、方针、委员的任职和离职、以及会议召开和工作实施方法，需遵守大学的规章制度。

第四十五条　系常务委员会和学院常务委员会拥有以下职责：

（一）制订符合大学政策的系和学院的工作计划；

（二）制定系和学院的规章制度和教育公告，且不能违反大学的规章制度和公告，其中包括大学委员会制定的其他规章制度和公告；

（三）审议系和学院的教学大纲向大学学术委员会提交，以便向大学委员会提议；

（四）制定和监督、评估和控制教师或学院的教育标准；

（五）向院长提出建议和意见；

（六）向校长汇报系和学院的预算；

（七）任命和撤销特聘教授须向国王汇报，任命和撤销学术评定委员会的荣誉教授须向大学委员会汇报；

（八）管理系和学院的财政金融以及所有财产，且要遵守法律、规章制度以及大学的公告；

（九）任命小组委员会及其委员；

（十）履行其他职责时应遵守大学委员会的准则或者校长的委托。

第四十六条 在有分管部门和其他同等地位机构的情况下，由分管部门负责人和机构负责人负责部门和机构的所有事务。

部门或其他同等地位机构的人员的任职和离职需遵守大学的规章制度。

第四十七条 研究院、办公室和其他同等地位教学单位要由研究院院长、办事处主任和教学单位负责人作为执行人，负责所有事务。大学委员会将安排执行人助理来协助执行人完成任务。

执行人和执行人助理的任职和离职需遵守大学的规章制度。

当执行人离职时，执行人助理也一并离职。

研究院、办事处和其他同等地位教学单位的工作实施方案需遵守大学的规章制度。

代理执行人采用第四十条第三款作为行为准则。

第四十八条 研究院、办事处和其他同等地位教学单位设有常务委员会，由研究院院长、办事处处长或者其他同等地位教学单位负责人担任主席和委员。

委员的任职、离职、职责，以及常务委员会的会议召开和工作实施方案，需遵守大学的规章制度。

第四十九条　校长、副校长、院长、处长和其他单位负责人履行其职责直至任职届满，并担任以上职位不超过一个。

担任如第一款中所述的一个职位后，只能代理另一个职位，且不超过一百八十天。

第五十条　校长、院长、处长和其他机构负责人要遵守大学的规章制度。

第五十一条　大学委员会办公室和办公室设有执行人，负责管理大学委员会办公室和办公室的事务。

如前所述的执行人的任职与离职需遵守大学的规章制度。

第五十二条　为了更好地管理办公室、系、学院和其他同等地位的机构，校长将分配职能给院长和以上所提到的机构负责人，代替校长履行职责。

已经得到校长委托的院长和机构负责人，在得到校长的允许后，可让副院长、机构负责人助理代替履行同等的职责，且行使权利时需遵守校长的规定。

第五十三条　除了本章程的规定，授权执行、代理执行以及委托各种职位代理，需遵守大学的规章制度。

由法律规章规定或内阁决议任命为委员、小组委员或其他职位人员的，临时代理人或临时执行人行使与委员、小组委员或其他职位人员同等的权力。

上述两种情形，在代理职务期间，视具体情况而定，除非授权人在授权指令中有其他规定。

第三章　教学质量保障与评估

第五十四条　大学建立教学质量保障体系以提高学校的教学质量和水平。

教学质量保障体系、准则以及执行方式需遵循大学的规定和章程。

第五十五条 自大学各职能部门依据本章程第九条规定成立之日起每满四年，由大学委员会任命非本校教职工的评估人员对各职能部门进行评估，之后向大学委员会报告工作，公布评估结果。

以上所提到的对职能部门的评估，要以本章程第八条规定以及大学委员会依据第二十三条中第（一）项规定所制定的政策作为评估标准，也可以向大学教职工、学生、校友、雇主、校友的领导人以及与大学相关的其他人员搜集数据资料。

评估人员在向大学委员会报告工作时，要指明各职能部门需要整改的地方，同时还应指明是否继续保留该部门或者该部门的附属单位。

第五十六条 大学学术委员会依据大学的规定和章程来审议教学大纲的制定标准和成绩考核标准，以便执行第三十条第（二）项的规定。

第五十七条 大学委员会依据大学的规定和章程对校长和各职能部门的负责人进行绩效评估。

第五十八条 校长依据大学的规定和章程对在校教职工进行绩效评估。

第四章　资产账目与审计

第五十九条 大学建立健全资产管理制度，实行分级管理。按照大学资产账目的种类，可分为债务、资本、经费收入和经费支出。资产账目应如实地登记在账簿上，附上经费来源渠道，大学定期进行资产审计。

以上所提到的资产账目登记需遵循官方的会计标准。

第六十条 大学建立内部审计制度，对大学的各项业务活动、内部控制进行审计，向大学委员会报告审计结果，以便考虑下一步行动。

以上所提到的资产审计，由大学委员会任命组成的审计机构执行。

审计机构成员的组成，包括组成人数、成员的思想道德、行为准则、任职时间和离职时间，以及审计机构的会议和审计方式需遵守大学的规定和章程。

第六十一条 大学要在财政年度结束后的九十日之内向审计师提交财务报告。

大学财政年度的起止日期，以大学通知为准。

第六十二条 由泰国审计署批准，大学委员会任命泰国审计署人员或外界人士为审计师，在每一个财政年度对大学资产进行审计。

第六十三条 审计师有权审查一切相关的账目资料和证明文件，因此，审计师有权询问校长以及学校的教职工。如有需要，可要求其提交相关的账目资料和证明文件。

第六十四条 审计师要在财政年度结束后的一百五十日之内向大学委员会做审计结果的工作报告，以便大学委员会向部长汇报工作。

第六十五条 大学向大学委员会做过去一年的年度工作报告，展示所取得的工作成果，以便对大学进行绩效评估。

大学要发布过去一年的年度工作报告，公布最终的资产审计结果，展示所取得的工作成果以及公布大学下一年度的工作计划。

第六十六条 校长是大学的法定代表人，应推进预防和惩治贪污腐败体系建设。

第五章 监督与管理

第六十七条 部长有权依据办学宗旨来监督与管理学校的一切事务，部长所作出的决定要符合政府的方针政策、符合内阁作出的与学校相关的决议。在处理学校事务的过程中，出现有争议、有矛盾的情况且这种情况可能会损害学校和集体利益的，部长需向内阁报告，由内阁商议解决方案而后由相关责任人执行。

第六十八条 依据本章程，学校需要向内阁做的所有的汇报都由部长作为报告发言人。

第六章 教 师

第六十九条 专职教师有教书育人、学术研究、学术服务和沟通学生的职责。

教师应根据大学委员会的规定和大学章程维护并履行自身的职责。

第七十条 大学专职教师有以下教学职位：

（一）教授；

（二）副教授；

（三）助理教授；

（四）普通教师。

教授由国王恩赐、任命，由大学委员会举荐。

大学委员会可设置其他的职位来管理学校，且应在政府公文中予以公布。

教师的品行规范，教学职务的聘任与解聘规则均依据大学章程来执行。

第七十一条 若能力卓越且经验丰富的教授在未犯任何错误的情况下离职，大学委员会可聘其为相关学科的名誉教授，受聘教授可将它视为一种荣誉的象征。

名誉教授的品行规范、聘任和解聘均依据大学章程来执行。

第七十二条 特聘教授受国王恩赐，从在职特聘副教授或曾经担任过特聘助理教授的人中聘任。有学识、有经验的特聘副教授或特聘助理教授由大学委员会举荐。

特聘教授的品行规范、聘任与解聘均依据大学的管理章程来执行。

第七十三条 大学委员会可聘任资质匹配但无法担任大学专职副教授的人为特聘副教授或特聘助理教授。

大学校长可通过系主任推荐，聘任资质匹配但无法担任大学专职教师的人为特聘教师。

特聘副教授、特聘助理教授的品行规范、聘任与解聘均依据大学章程来执行。

第七十四条 任何个人按第七十条第三款规定受国王恩赐，聘任为教授、特聘教授、名誉教授、副教授、特聘副教授、助理教授、特聘助理教授或担任其他教学职务的人都有权永久地使用以上教学职位称号来显示自身学历和地位。

称号简略用语如下:

(一) 教授,简写为ศ;

(二) 名誉教授,简写为ศ(เกียรติคุณ);

(三) 特聘教授,简写为ศ(พิเศษ);

(四) 副教授,简写为รศ.;

(五) 特聘副教授,简写为รศ(พิเศษ);

(六) 助理教授,简写为ผศ.;

(七) 特聘助理教授,简写为ผศ(พิเศษ)。

其他教学职位的称号和称号简写依据大学章程使用。

第七章 人事管理

第七十五条 大学的教职工包括:

(一) 教学部门的工作人员,有以下职位:

1. 教授;

2. 副教授;

3. 助理教授;

4. 普通教师;

5. 根据第七十条第三款规定的其他职位。

(二) 大学教学协助部门工作人员的职位依据大学章程来设置。

除了上述中规定的大学教职工,大学还雇用其他工作人员。

第七十六条 除本章程中的规定之外,大学的职位设定、月工资、雇佣金、酬金、其他促进学校工作人员发展的费用、人员分配、人事聘任、月工资或雇佣金的发放、人事解聘、所执行的法规法纪、教职工的申诉案件一律依据的大学章程来执行。

第七十七条 大学委员会可设立专家、特聘专家或其他职位,这些都是大学教学协助部门中有学识、有能力,经验丰富,在专业领域具有丰厚、优质学术成果的高水平人才担任的特有职位。

任职人员的品行规范、职位的聘任与解聘依据前文条款，按照大学章程执行。

第七十八条 被处罚的教职工和临时工依据法律有权在受到处罚的三十天之内提起申诉。

大学教职工和临时工认为自己受到不公正待遇，或对大学的做法、大学高层的决策有任何疑议，除处分和依法组建审查委员会之外，当事人有权在收到通知或命令的三十天内提起申诉。

第七十九条 赋予审查委员会审查起诉或申诉案件的权力，其委员数、任职资格、工作准则、选择方式、任职期限、离职、权力职责，以及会议召开和委员会工作方式，均按照大学章程执行。

第八章　学位和学历标志

第八十条 学位有三种等级，分别是：

博士，称为 ดุษฎีบัณฑิต，简写为 ค；

硕士，称为 มหาบัณฑิต，简写为 ม；

学士，称为 บัณฑิต，简写为 บ。

第八十一条 大学有权颁发学位证书、专科学历证书或大学教育管理部门与其他高等学校、国内机构或国际机构联合颁发的学历证书。

对于任何专业的学位证书、专科学历证书或其他学历证书，以及使用该专业的简称等，都应遵照大学章程和政府颁布的公文执行。

第八十二条 大学委员会可为圆满完成本科学业者颁发优秀学位证书。

优秀学位证书的颁发准则依据大学章程执行。

第八十三条 大学委员会可依据大学章程规定颁发以下各级各类学位证书、专科学历证书：

（一）博士学位证书，颁发给圆满学完任一（博士）专业课程后获博士学位的学生或同等学力者；

（二）硕士学位证书，颁发给圆满学完任一（硕士）专业课程后获硕士学位的学生或同等学力者；

（三）学士学位证书，颁发给圆满学完任一（本科）专业课程后获学士学位的学生或同等学力者；

（四）专科学历证书，颁发给圆满学完任一（专科）专业课程升为本科之前的学生；

（五）其他学历证书，颁发给在特定学术领域取得研究成果之人。

第八十四条 大学有权为大学委员会认可的德才兼备、品行兼优并发表了促进社会发展的学术成果之人颁发名誉学位，但此类学位不得颁发给大学专职教师、担任大学各类职务者、大学委员会主席和兼任其他职务的大学委员会委员。

学位等级和名誉学位颁发细则均按照大学章程规定执行。

第八十五条 大学有权为取得博士、硕士、学士、专科和其他学历证书者指定相应的学位服和徽章，也有权为大学委员会主席、委员、管理人员和专职教师指定职业服。

学位服的款式、种类，以及服装配饰、学位徽章和职业服一律依据大学章程来选定。

学位服、学位徽章和职业服在何种场合穿戴，以及穿戴的条件要求均依据大学章程规定执行。

第八十六条 大学有权在遵行大学章程和政府公文的前提下设计自己的公章、校徽或者大学特有标志。

公章、校徽或大学标志的商务使用或不是为大学利益和事务的使用（如公益性使用），都需要获得大学的书面批准。

第八十七条 大学有权在遵行大学章程和政府公文的前提下拥有自己的学生校服和教职工的工作制服。

第九章　处罚条例

第八十八条 若未经授权使用或仿造学位服、学位别针、学位徽章、学生校服、教职工制服，抑或是未经授权对外表明可颁发学士学位证书、博士学位证书、硕士学位证书、研究生学历证书、专科学历证书和未经授权私自设立大学内教学职位的，将判处 6 个月以下有期徒刑，或罚款 5 万泰铢以下，情形严重者判刑兼罚款。

第八十九条 如犯有以下规定者，将判处一年以下有期徒刑，或罚款 10 万泰铢以下，情形严重者判刑兼罚款。

（一）无论使用何种颜色和方式进行伪造或仿造校牌、校徽、大学或教务处印章标记。

（二）使用伪造的校牌、校徽、大学或教务处印章。

（三）使用有违反第八十六条规定的校牌、校徽、大学及教务处印章的物品或商品。

如若同时犯第（一）项、第（二）项，则按照犯第（三）项来进行判处惩罚。

临时条例

第九十条 根据 1988 年版法政大学章程，大学的一切事务、财产、债务、预算以及收入依法归为大学所有。

第九十一条 根据 1988 年版法政大学章程，大学委员会和学院常务委员会将继续依法履行其职责，直至有新的大学委员会和学院常务委员会产生为止。

第九十二条 根据 1988 年版法政大学章程，经大学教务处和大学委员会批准并且成立的大学部门，依据第九条第三款，先暂时为大学部门，直至大学制定出相关规定，并自本章程生效之日起两年之内制定出相关规定。

第九十三条 在本章程生效之前，根据 1988 年版法政大学章程，大学委员会主席、大学委员会委员、学院委员会主席和学院委员会委员将继续依法履行其职责，直到有新的大学委员会和学院委员会产生为止。并自本章程生效之日起，任职期限不能超过一年。

第九十四条 在本章程生效之前，根据 1988 年版法政大学章程，校长将继续任职直至任期届满。但是如果该校长之前是大学的公务人员，要在本章程生效之日起的三十个工作日内提交其说明变更岗位为大学教职工的原因。

当上述的三十个工作日期届满后，如该校长没有如期提交说明其变更岗位的原因，要撤销其职位并使之遵守第九十九条第（二）项的规定。

在本章程生效之前，根据1988年版法政大学章程，担任副校长和校长助理者将继续任职，任职期限随校长任期的终止而终止。

第九十五条 在本章程生效之前，根据1988年版法政大学章程，担任二级学院院长、系主任和其他部门负责人等同等职位的人员，将继续依法担任其职务至期满。

上述职位的副职或者助理的任期应随系主任、院长、部长等的任期的终止而终止。

第九十六条 校长任职期限依第三十六条而定，院长任职期限依第四十一条而定，教务处处长及其他单位负责人的任职期限则依第四十七条而定，以上全部期限按1988年版法政大学章程来执行。

第九十七条 在执行本章程以前的学校校长、系秘书长、院秘书长、处秘书长及其他职位员工需继续任职。且从执行本章程起，如若三年之内不调整岗位成为学校教职工的，在所给期限前除上述所提到的职位外，一并给予解聘。

第九十八条 根据1988年版法政大学章程，大学全体公务员、政府雇员、教职工需按规章制度规范自身。

为了有利于以上公务员、政府雇员、教职工更好地服务，将大学视作为教育单位，并给以上所述公务员、政府雇员、教职员工按月发放薪金。薪金及其他支出经由大学，从人事土地规划预算资金中支出。固定支出和其他相关支出需根据高等教育局相关公务员规章、财政部规章、总理办公室相关职员规章来进行规范，抑或按实际情况来定。

在上述两款中引用法律及高等教育局中相关公务员规章、财务部规章、总理办公室相关职员规章来规范，如出现与本章程不相符的情景，或因某种原因导致不可引用法律的情景，应当使上述情况按大学规定制度执行。

第九十九条 对于第九十八条中的公务员和政府雇员：

（一）从执行本章程起一年内，有意向根据本章程规定就职大学教职工或大学委员的，大学将及时着手分配职位或视情况而定；

（二）超过第（一）项中所述的期限但在三年内有意向根据本章程规定就职大学教职工或大学委员会委员的，当大学评估之后认为其符合大学规章规定的学识能力，则不需实习试用；

（三）超过第（二）项中所述的期限，有意向根据本章程规定任职大学教职工或大学委员会委员的，若大学认为其对大学有益，且有较高概率留任工作的，将遵照大学规章执行。

根据第一款，任职意愿需遵照大学规章进行，递交意愿书之后将无法撤回。

第一百条 根据第九十四条和第九十九条规定，被聘任为大学教职工所获得的月薪、福利以及其他奖励应不少于其原工作的收入。

第一百零一条 根据第九十四条、第九十七条和第九十九条规定，大学聘任公务员为教职工应是由于原公务员职位被取消且离职。根据相关公务员养老金法或养老基金法案，应从其入职为学校教职工之日起开始计算其养老金。

成为公务员养老金领取者后，尽管不是公务员但应继续有权成为公务员养老金领取者，还应视其为公务员。根据相关法律，该公务员与在职公务员一样获得福利，获得养老金。

大学教职工作为养老金领取者有权不需根据相关社会保障法来领取养老金，但不能剥夺其自愿投保的权力。

第一百零二条 根据第九十九条规定，公务员和雇员依法在校工作期间，和大学教职工一样与大学委员会、教职工委员会一起工作，因此，同样要遵守大学规章制度。

第一百零三条 根据1988年版法政大学章程或根据大学委员会规

定，学院常务委员会、系常务委员会等委员会将在本章程生效之前依然有效，上述委员会要依法管理其他部门，依法履行其职责，直至有新的委员会产生为止，或在本章程生效之日后一百八十个工作日内依法选举新一届委员会。

第一百零四条 根据1988年版法政大学章程，大学教授、名誉教授、特聘教授、副教授、特聘副教授、助理教授、特聘助理教授或教师依法继续担任其职位。

在本章程生效之前，根据1988年版法政大学章程，大学特聘教师仍继续依法担任其职位，直至任期届满。

第一百零五条 公务员或雇员有权变更岗位为教授、副教授、助理教授或其他职位，有权晋升为教务处的公务人员，但不允许无理由变更岗位或变更岗位为学校教职工。

第一百零六条 在学校教务处公务人员和教职工职位空缺的情况下，不论是在本章程生效之前或生效之后，应撤销该职位并计算该职位的转移率和预算，包括市场预算、支付人员的固定工资和其他相关的经费。

第一百零七条 为了有利于颁布该临时条例，设立一个由大学委员会主席为主席，财务部代表、教育部代表、预算部代表、立法部代表、校长、学院常务委员会主席、公务理事会会长以及由大学委员会任命的两名有委员资格的人员为委员组成的特设委员会。

校长指定一名副教授担任委员和秘书。

特设委员会针对在实施临时条例的过程中所遇到的问题提出建议和制定准则。

特设委员会依据该临时条例履行其职责，直至能够完全依据该临时条例来规范行为准则为止。

第一百零八条 为了在自本章程生效之日起的两年内能够完全实行该临时条例，要制定相关规章制度或发布公告。

在还没制定上述所提的规章制度或发布公告期间，由国家立法部制定相关法令来管理制约。

在新的规章和声明未公布期间,在本章程生效之日前,以 1988 年版法政大学章程中规定的各项规章制度、大学事务部公告及其他规章制度为准,以上规定不得与本章程相悖。

签署人:素拉育·朱拉暖上将

注:本章程的颁布使用是为了调整高等教育机构,使其适应当代经济与社会的发展,推动公立大学发展成为在国家统筹监管下的非公务单位。办高等教育机构应充分考虑学术自由和学术卓越,以促进高等教育机构发挥其高质量、高效率的独立自主、自我管理作用,为推进大学实施上述发展路线,制定本章程就显得十分必要。

(文献来源:http://regu.tu.ac.th/quesdata/Data/B11.pdf)

六、泰国清迈大学章程

本章程于 2008 年 2 月 26 日
即普密蓬·阿杜德国王在位六十三周年颁布实施

普密蓬·阿杜德国王圣谕：

修订有关泰国清迈大学的章程，正式核准生效。

本章程的相关个人权利与自由规定都根据泰王国宪法的第二十九条、第三十条和第三十二条规定的权利法律条令来制定。

因此在国家立法议会的提议和许可下，特颁布本章程如下：

第一条 本章程为 2015 年《清迈大学章程》。

第二条 本章程自政府公报公布次日起生效。

第三条 撤销：

（一）1987 年《清迈大学章程》；

（二）1998 年《清迈大学章程》（第二版）。

第四条 在本章程中：

"大学"是指清迈大学。

"大学委员会"是指清迈大学委员会。

"大学教学术委员会"是指清迈大学学术委员会。

"大学教职工委员会"是指清迈大学教职工委员会。

"大学职工"是指清迈大学职工。

"大学工作人员"是指清迈大学的教职工、公务员以及政府雇员。

"部长"是指负责本章程的部长。

第五条 清迈大学遵照 1987 年版的《清迈大学章程》作为现行章程，具有独立法人资格。

依据国家行政法规、教育法以及改革法规定，清迈大学是一个受政府监管的单位，依据预算法以及其他法律规定，清迈大学不属于国家机关的一部分。

第六条 本章程由教育部部长负责解释。

第一章 总 则

第七条 作为一所完善的高等专业学术研究单位，大学以教育为宗旨，促进高等专业学术研究发展，研究创造卓越的学术并有益于社会，服务于社会，支持和促进艺术文化发展以及保护环境。

第八条 为了实现第七条的办学宗旨，大学要重视和考虑到以下方面：

（一）学生的教育机会；

（二）学术自由和学术卓越与品德兼备；

（三）学术的标准和质量要达到国际水平；

（四）能接受公开检查，包括对国家和社会负责；

（五）有效地管理和处理事务；

（六）大学的工作人员。

第九条 大学可分为以下部门：

（一）大学委员会办公室；

（二）大学办公室；

（三）学术单位；

（四）其他单位。

大学要设立、合并和撤销第（三）项和第（四）项中的部门，要在大学发布公告和在政府公报上发布公告。

第（二）项中的部门在管理过程中要注意考虑学术质量、节省预算、简化管理和提高质量。

第十条 大学的部门分配和每一个部门的权力和职责规定要在大学发布公告。

第十一条 大学委员会办公室履行管理职能和事务管理职能，对大学办公室直接管理，并允许设立大学委员会办公室主任来管理办公室。

第十二条 根据第七条的办学宗旨，大学可接收高等院校或其他单位进入大学进行合作办学，并有权给在合作办学中的任何一个高等院校或其他单位完成学业的学生授予学位、学历或者证书。

接受与高等院校或其他单位的合作或者终止合作都必须在大学和政府公报上发布公告。

必须依据大学的规章制度来管理与大学合作的高等院校或其他单位。

第十三条 根据第七条的办学宗旨，大学可以与高等院校、其他国内外教育机构和国际机构联合办学，且有义务给从以上机构完成学业的学生颁发学位、学历和证书。大学的办学与取消要在学校的公告和政府公报上公开公布。以上的实施应遵循大学的章程。

第十四条 大学的事务不受制于劳动保护法和劳资关系法。大学工作人员作为公务员有权得到退休金，免受社会保障法的约束，但不削减自愿投保的权利。

第十五条 按照大学章程第七条的规定，大学包括以下职责：

（一）买、卖、建设、采购、汇款、收款、租赁、出租、租购、交换以及分发等任意法律行为，以及享有知识产权保护权和其他财产权的所有权，包括国内外的动产和不动产以及收入和得到的捐赠。

出售或变更大学的不动产权应遵循第十八条规定。

（二）收取手续费、资助费、酬劳费、罚金以及在大学服务职能之内的服务费。

（三）与国家、私人以及国际等机构合作，相关事宜的实施应遵循办学宗旨。

（四）为了大学的利益，借款与贷款要以个人或财产、持股或入股、投资或合资进行担保。

如果借款、贷款、持股、入股、投资或合资金额超过部长规定的金额，必须得到内阁的批准。

（五）为了投资，发行债券或其他证券要经过内阁批准。

（六）酬劳费或特殊报酬，包括给大学工作人员的福利以及其他利益，均依照大学章程来实行。

（七）为了学校其他事务，按照大学宗旨设立基金，基金的管理应遵循大学的规章制度。

（八）保障人才培养和学术持续发展。

（九）根据国家财产法，从管理、维护、处理大学事务中获得合法利益。

（十）以法人的身份独自设立，或与他人共同设立机构以及投资，或与其他法人共同投资，持续开展与大学相关的业务和活动，将研究成果发布并从中获益，增加学校收入。

第十六条 大学的收入如下：

（一）政府每年分配的基本补贴（政府拨款）；

（二）捐赠者给学校捐赠资助金（社会捐赠）；

（三）政府或者学校设立的基金以及基金的收益；

（四）各种手续费、维护费、酬劳费、罚金以及大学其他的管理费等；

（五）来源于第十五条第（四）项和第（十）项的收益和大学的资产；

（六）从投资、合资以及学校资产获得的收益；

（七）其他收入。

依据第（一）项中的基本补贴，政府应给大学补贴充足的基金量，以便大学在办学时支付必需的费用以及负责发展高等教育时需要的费用。

在政府调整薪资、职位津贴、酬劳或其他权益给公务员时，政府以增加同样的补贴比例的形式给大学分配预算，作为大学工作人员的花销。

根据财政法、预算法或其他法律的规定，大学所得收入不一定要上交国家。

在依据第（一）项政府给大学发放足够的运行资金以及其他事项的合理费用情况下，如果大学无法从其他地方筹集资金，政府应给大学增加其所需的补贴。

第十七条 大学必须鼓励和支持到大学接受教育的学生，还要给予那些真正贫困的学生在校学习直至完成学业的机会。

根据法律法规规定，所有贫困生都必须遵守大学章程。

第十八条 大学所持有的不动产不论是通过捐赠者捐献、大学的收入购买或大学财产交换还是通过其他方式所得，均不属于国有财产，大学拥有所有权。

第十九条 直接用于有益于教育、研究和学术服务的大学财产将不受任何制约，包括管理的制约，以及任何人都不得在大学财产方面以年长来作为与大学斗争的理由。

第二十条 为了实现大学的办学宗旨，大学的收入和资产必须有序支配。

捐赠者捐赠给大学的资金必须按照捐赠者规定的条件支配。如果有必要改动捐赠者的规定，必须得到捐赠者或继承人的同意认可，如果没有继承人或继承人不出现，必须得到大学委员会的同意。

第二章 执行条例

第二十一条 大学委员会的构成：

（一）大学委员会主席，由国王任命；

（二）大学委员会校外委员十五人，由国王委派；

（三）大学校长；

（四）大学促进委员会主席、大学教职工委员会主席、清迈大学校友会主席；

（五）大学委员会委员三人，从副校长人选中选一人，从第四十条中的部门负责人中选出两人；

（六）通过选举产生的三位全职教职工以及一位非全职大学教职工。

任命的大学委员会主席以及大学委员会校外委员的任职资格和选举方式必须遵守第（一）项和第（二）项的规定。同时依据第（二）项规定大学委员会委员必须从高等教育委员会推荐的名单中选举产生。

大学委员会校内委员的任职资格和选举方式必须依据第（五）项和第（六）项的规定。

大学委员会有权推举一位大学委员会委员作为大学委员会副主席，且允许在大学委员会主席无法履行职责或无人担任大学委员会主席一职时，大学委员会副主席有权代替其履行大学委员会主席的职责。

当大学委员会副主席无法履行职责或者无人担任大学委员会副主席一职时，允许大学委员会推荐一位大学委员会委员代替其履行大学委员会副主席的职责。

大学委员会有权任命一位大学委员会秘书或大学委员会办公室代表，或大学委员会秘书助理作为副校长。

第二十二条 大学委员会主席和大学委员会委员不论是以间接的还是直接的方式，均不允许做任何有损大学利益的事情，股东为了获得利益而做的常规投资除外。

第二十三条 依照第二十一条第（三）项、第（五）项及第（六）项的有关规定，校长和大学委员会委员的任职期限为三年，但国王继续任命或者再次获选可继续任职。

第二十四条 依据第二十三条规定的期限以及第二十一条第（三）项、第（五）项及第（六）项的规定，除期满免去大学委员会主席、大学委员会委员的职务以外，当出现以下情况时也可免去其职务：

（一）死亡；

（二）辞职；

（三）大学委员会决议罢免；

（四）工作失职、行为败坏或者能力不足被大学委员会弹劾；

（五）缺乏大学委员应具备的素质；

（六）被终审判决为监禁；

（七）破产者；

（八）没有能力者或看似无能者。

在大学委员会主席或大学委员会委员出现职位空缺的，不论什么原因在未及时实行职务交接的情况下，由大学委员会主席与现有的大学委员会委员代替其履行职责。

依据第二十一条第（一）项、第（二）项、第（五）项及第（六）项的规定，大学委员会主席或大学委员会委员在任职未满期限前离职，依据第二十一条第（一）项规定任命大学委员会主席，或根据实际情况依照第二十一条第（二）项、第（五）项及第（六）项的规定，任命或选举大学委员会委员。但如果大学委员会主席及大学委员会委员剩余的任期少于九十个工作日，将不再任命或重新选举。另外，当国王已任命代职者时，该代职者的剩余任职期限应与被代替人的剩余任职期限相同。

依所第二十一条第（一）项、第（二）项、第（五）项及第（六）项，大学委员会主席或大学委员会委员因任职期限到期而离职，但未及时任命或选举新的大学委员会主席或大学委员会委员，依据第二十一条第（一）项、第（二）项、第（五）项及第（六）项的规定，离职的大学委员会主席或大学委员会委员需根据实际情况继续履行职责，直到新的大学委员会主席或大学委员会委员上任为止。

第二十五条　大学委员会有权利和义务监督管理大学的一切事务。大学享有以下权利和义务：

（一）拟定和组织实施与大学宗旨相关的政策和发展规划；

（二）制定教职工管理制度，大学工作人员的任职资格、福利制度以及大学资产和财务管理制度；

（三）制定章程、准则和与大学管理工作相关的其他通知，委派大

学里的任意部门针对其部门事务制定章程准则;

（四）准许开设的教学和学制以及合并、调整、撤销大学课程需符合国家教育法的规定;

（五）准许接收或撤销与高等教育机构以及其他研究所合作办学;

（六）准许颁发文凭，包括高等教育毕业证书、学士学位证书、大专毕业证书等荣誉证书;

（七）准许组织建立和解散大学的职能部门，包括分配调整上述职能部门;

（八）为了有利于实现大学宗旨，准许建立合法机构以及制定所建机构的规章制度;

（九）准许编制大学财政收入和支出预算;

（十）讨论执行国王任命和辞退大学委员会主席、大学委员会委员、校长、教授以及特聘教授;

（十一）任命和辞退大学的名誉教授、副教授、特聘副教授、助理教授、特聘助理教授、其他学术职位、副校长和部门负责人，且应遵照大学章程规定执行;

（十二）任命和辞退大学教职工委员会主席和大学促进委员会主席;

（十三）确保大学事务的年度汇总并上报给教育部部长;

（十四）密切关注和评价大学工作成果;

（十五）设立委员会、小组委员会，或任何个人在大学理事会职权管辖下的任何行为，包括下放权力到上述委员会、小组委员会以及个人，都应向大学委员会报告;

（十六）履行其他与大学事务相关的义务，尤其大学委员会要定期给大学领导报告大学委员会年度工作成果，至少每年一次。

第二十六条 大学设立学术委员会，由校长担任大学学术委员会主席，其委员至少要有十五人，但不能超过二十五人。

大学学术委员会委员的品德、行为准则以及选举办法，要遵循学校的规定和章程。

第二十七条　大学学术委员会委员每届任期为两年，但是在任期结束后可以再次参加选举。

大学学术委员会委员的离职除了以上提到的任期结束，还有以下情况：

（一）死亡；

（二）主动辞职；

（三）缺乏一个学术委员会委员应具备的品德。

委员在两年任期结束之前离职且已经选举出新任委员，在此情况下，由新任委员代替其履行职责。

委员在两年任期结束后离职，但是还没有选举出新任委员，在此情况下，由上一任委员继续履行职责，直到选举产生新任委员。

第二十八条　大学学术委员会行使以下职权：

（一）审议课程和教学大纲的设置方案，包括课程的废除、合并以及调整，并向大学委员会提出意见和建议；

（二）就大学是否要与高等教育机构和其他研究机构进行合作办学向大学委员会提出意见和建议；

（三）通过授予学士学位、硕士学位和专科学位的决定；

（四）审议大学的教育教学方案；

（五）审议关于教授、名誉教授、特聘教授、副教授、特聘副教授、助理教授、特聘助理教授以及大学其他学术职位的任免办法；

（六）为促进大学的教学、科研、公共教育、社会学术服务和进一步维护人文环境建言献策；

（七）设立委员会、小组委员会，或任何个人在大学学术委员会职权管辖下的任何行为，包括上述委员会、小组委员会以及个人代替行使职权，都应向大学学术委员会报告；

（八）每年向大学委员会做至少两次工作报告；

（九）向校长提出意见和建议，履行大学委员会规定的其他职责。

第二十九条　大学委员会和大学学术委员会召开会议、工作方式要遵循大学的规定和章程。

第三十条 大学设立人事管理委员会，大学人事管理委员会有权利和义务就大学人事管理办法和准则、薪资规定、员工福利与权力，以及在校员工的绩效评估向大学委员会提出建议。同时也有权设立小组委员会或任命任何个人来完成人事管理委员会职权范围内的各项事务。

大学人事管理委员会委员的组成、品德、行为准则、选举办法、职务任免时间以及委员会会议，都要遵循大学的规定和章程。

第三十一条 大学设立投诉委员会，行使以下职权：

（一）对投诉、申诉的准则和办法以及事件的审理办法作出规定；

（二）审议投诉的判决结果；

（三）审议那些因任何原因被辞退的投诉人提出的申诉，或者发现上级领导利用职务之便违法乱纪的情况。

大学投诉委员会对案件进行审理并得出结果后，由校长依据投诉委员会的决定发布公告，并将其视为最终结果。

大学投诉委员会委员的组成、品德、行为准则、选举办法、职务任免时间以及委员会会议，都要遵循大学的规定和章程。

第三十二条 大学设立促进委员会，向大学提出意见和建议，支持和促进大学各项事务的执行。

大学促进委员会委员的组成、品德、行为准则、选举办法、职务任免时间以及委员会会议，都要遵循大学的规定和章程。

第三十三条 大学设立教职工委员会，由一名主席和在职教职工中选举出的委员组成。

主席和委员的组成、品德、行为准则、选举办法、职务任免时间以及教职工代表大会的职责、会议召开，都要遵循大学的规定和章程。

第三十四条 大学教职工委员会行使以下职权：

（一）向大学委员会和校长就大学各项事务的管理提出意见和建议；

（二）加强大学与在职员工、各在职员工之间的友好关系；

（三）履行大学委员会和校长规定的其他职责。

第三十五条　校长是大学的最高管理者，负责大学的各项管理工作。可以按照大学委员会规定的人数选出副校长或校长助理，或者同时选出副校长和校长助理，以便履行校长规定的职责。

第三十六条　校长由国王恩赐，按照第三十七条以及大学委员会的建议从有品德的人中任命。校长实行任期制，任期一般为四年，可以重新任命，连续任职一般不超过两届。

校长除了根据第一款在任期届满时离职，还可以在以下情形中离职：

（一）死亡；

（二）辞职；

（三）品德缺失；

（四）坐牢，被终审判决为监禁；

（五）缺乏能力；

（六）大学委员会主张罢免；

（七）有大学委员会决议提到的失责、行为不端或缺乏能力。

副校长按照第三十七条以及校长的建议，由大学委员会从有品德的人中任命。

校长助理按照第三十七条由校长从有品德的人中任命。

当校长离职时，副校长和校长助理也应一同离职，第二款的规定也适用于担任副校长和校长助理职务的人。

第三十七条　校长、副校长和校长助理要具备应有的品德和资格，毕业于大学委员会认可的同等大学或其他高等教育机构，并且在大学委员会认可的大学或其他高等教育机构中教学，或具有至少四年的管理经验，或至少有四年的其他管理经验。

第三十八条　校长是大学所有事务的法定代表人，具有以下权力和职责：

（一）根据法律、法规、规章、公告，包括大学的宗旨和政策管理大学的事务；

（二）根据法律、法规、规章、公告管理大学的工作人员、财产、土地、场所和其他资产；

（三）根据大学规定分配、任命、罢免大学工作人员，包括进行人事管理；

（四）根据大学委员会制订的大学发展计划，制定政策和实施方案，监督评估大学各个方面的运作；

（五）根据政策和方案实施，对职能部门和大学工作人员的表现进行评估。

第三十九条 如果校长无法履行职责，由副校长作为代理执行人。如果有多个副校长，由校长授权的副校长作为代理执行人。如果校长没有授权，由资历最高的副校长作为代理执行人。

如果没有校长，或按照第一款没有校长代理执行人，或有但无法履行职责，由大学委员会主席按照第三十七条任命有资质的人作为校长代理执行人。

如果大学委员会没有任命副校长或任命了副校长但副校长不能履行职责，由校长按照第三十七条任命有资质的大学教师作为副校长代理执行人。

代理执行人具有与其所代表的人相同的权力和职责。

其他法规任命校长为董事，并履行相关的责任和义务的，在临时代理执行人代理职务期间，由其担任董事一职并履行相同的责任和义务。

第四十条 根据第九条的第（三）项和第（四）项，部门负责人担任上司并负责部门的工作，副上司负责上司指派的工作。

第四十一条 根据第九条的第（三）项和第（四）项，大学的每一个职能部门都可设立部门指导委员会和部门管理委员会。

根据第一款，委员会委员的组成、品德、行为准则、选举办法、权力和责任、职务任免时间，以及委员会会议和部门管理系统品德建立，均应符合大学章程。

第四十二条 根据第四十条，选举人员担任部门负责人。选举人员的规则和程序应符合大学章程。

第四十三条 授权执行、代理执行以及各种职位的权力下放，应符合大学章程。

法律、法规、指令、内阁决议任命或指派任何个人成为委员、小组委员或其他职位负责人时，由临时代理人或临时执行人行使与委员、小组委员或其他职位负责人同等的权力。

上述两种情形，在代理职务期间，视具体情况而定，除非授权人在授权指令中有其他规定。

第三章 教学质量保障与评估

第四十四条 为提高教学质量，大学需建立教学质量保障体系，教学质量保障体系准则及执行方式的建立需遵循大学章程的规定。

第四十五条 大学需按本章程规定的准则、方法及时限进行教学评估。

第四十六条 大学学术委员会需根据大学章程规定和规定时限对学制和教学工作及学期成果进行评估，然后需根据第二十五条第（四）项向大学委员会报告。

第四十七条 大学需建立标准且公正的办公室工作评估制度，还需给予未通过评估的教师调整完善自身和申诉的机会。大学还需建立适合大学工作发展的、有质量及标准的程序，使工作及工作行为准则能够很好地接受考查、改进及成果验收。以上准则、评估方式及发展体系的建立需遵循大学章程。

第四十八条 大学委员会应成立工作成果评估委员会，对校长和各部门负责人的管理工作进行评估。

工作成果评估委员会委员的组成、品德、行为准则、选举办法、权力和责任、任免时间以及工作成果评估委员会会议和工作方式，均应符合大学章程。因此，按第二十一条规定，任命一半以上有资格的大学委员会委员参与教学评估工作。

第四章 资产账目与审计

第四十九条 大学建立健全资产管理制度，实行分级管理。按照大学资产的项目种类可分为债务、资本、经费收入和经费支出，资产账目应如实地登记在账簿上，附上经费来源渠道，大学定期进行资产审计。

以上所提到的账目登记需遵循官方的会计标准。

第五十条 大学要在财政年度结束后的九十日之内向审计师提交财务报告。大学财政年度的起止日期，以大学通知为准。

第五十一条 由泰国审计署批准，大学委员会任命泰国审计署人员或外界人士为审计师，在每一个财政年度中对大学资产进行审计。

第五十二条 审计师有权审查一切相关的账目资料和证明文件，因此，审计师有权询问校长以及大学职工。如有需要，可要求其提交相关的账目资料和证明文件。

第五十三条 审计师要在财政年度结束后的一百五十日之内向大学委员会做审计结果的工作报告，以便大学委员会向部长报告。

第五十四条 大学向大学委员会做过去一年的年度工作报告，展示所取得的工作成果，以便对大学进行绩效评估。同时对大学接下来的工作计划进行安排。

第五十五条 校长是大学的法定代表人，担负推进预防和惩治贪污腐败体系建设的职责。

第五章 监督与管理

第五十六条 总理有权及有责任依据大学宗旨对一切事务进行监督和管理，以符合与大学相关的政府政策和内阁决议。在处理工作事务上遇到的问题及矛盾可能会造成相关损失时，由总理提议内阁来判定。当内阁作出判定后，应委任相关负责人按内阁的判定执行。

第五十七条　根据本章程要求，一切大学事宜需向内阁提议的，均由总理作为提议人。

第六章　学术职位

第五十八条　学校的专职教师有以下学术职位：

（一）教授；

（二）副教授；

（三）助理教授；

（四）教师。

教授受国王恩赐，由大学委员会举荐。

大学委员会可通过大学的公告和政府公报中的公告来设置其他学术职位。

教师的品行规范，教学职务的聘任与解聘规则均依据大学章程执行。

第五十九条　学识渊博、能力过人且经验丰富的教授在未犯任何错误的情况下离职，大学委员会可以聘其为名誉教授，受聘教授可将它视为一种荣誉的象征。

名誉教授的品行规范、聘任和解聘均依据大学章程执行。

第六十条　特聘教授受国王恩赐，由大学委员会举荐。

特聘教授的品行规范、聘任和解聘方式均依据大学章程执行。

第六十一条　大学委员会可聘任资质匹配但无法担任大学专职教授的人为特聘副教授或特聘助理教授。

校长可通过部门负责人举荐，聘任资质匹配但无法担任大学专职教师的人为特聘教师。

特聘副教授、特聘助理教授和特聘教师的品行规范、聘任与解聘均依据大学章程执行。

第六十二条 任何个人按第五十八条第三款规定受国王恩赐，聘任为教授、特聘教授或名誉教授、副教授、特聘副教授、助理教授、特聘助理教授或担任其他教学职务的人都永久有权使用以上教学职位称号来显示自身学历和地位。

职位称号简略用语如下：

（一）教授，简写为ศ；

（二）名誉教授，简写为ศ.(เกียรติคุณ)；

（三）特聘教授，简写为ศ.(พิเศษ)；

（四）副教授，简写为รศ；

（五）特聘副教授，简写为รศ.(พิเศษ)；

（六）助理教授，简写为ผศ；

（七）特聘助理教授，简写为ผศ.(พิเศษ)。

其他教学职位的称号和称号简略用语根据大学的规章制度使用。

第七章 学位和学历标志

第六十三条 学位有三种等级，分别是：

（一）博士，称为ดุษฎีบัณฑิต，简写为 ด；

（二）硕士，称为มหาบัณฑิต，简写为 ม；

（三）学士，称为บัณฑิต，简写为 บ。

第六十四条 大学有权颁发学位证书、专科学历证书或大学教学部门的证书，包括颁发学位证书、专科学历证书，教育管理部门与高等院校、其他国内机构或国际机构联合颁发的证书。

对于任何专业的学位证书、专科学历证书或其他学历证书，以及使用该专业的简称等，都应遵照大学章程和政府颁布的文件执行。

第六十五条 大学委员会可依据大学章程授予学士学位毕业生一等荣誉学士学位或二等荣誉学士学位。

第六十六条 大学委员会可依据大学章程规定颁发硕士学位证书、学士学位证书、专科学历证书和其他任何专业等级证书，如下：

（一）博士学位证书，颁发给圆满学完任一（博士）专业课程后获博士学位的学生或同等学力者。

（二）硕士学位证书，颁发给圆满学完任一（硕士）专业课程后获硕士学位的学生或同等学力者。

（三）学士学位证书，颁发给圆满学完任一（本科）专业课程后获学士学位的学生或同等学力者。

（四）专科学历证书，颁发给圆满学完任一（专科）专业课程升为本科之前的学生。

（五）其他学历证书，颁发给在特定学术领域取得研究成果之人。

第六十七条 大学有权为大学委员会认可的德才兼备、品行兼优之人颁发名誉学位，但此类学位不得颁发给大学职工、担任大学各类职务者、大学委员会主席及兼任其他职务的大学委员会委员。

第六十八条 大学有权为取得硕士、学士、专科和其他学历证书者指定相应的学位服和徽章，也有权为大学委员会主席、委员、管理人员和专职教师指定工作制服。

学位服的款式、种类，以及服装配饰、学位徽章和工作制服一律依据学校公告和政府公报来选定。

学位服、学位徽章和工作制服在何种场合穿戴，以及穿戴的条件要求均依据大学章程执行。

第六十九条 大学有权在遵行大学章程和政府公文的前提下设计自己的公章、校徽或者大学特有标志。公章、校徽或大学特有标志的商务使用或不是为大学利益和事务的使用（如公益性使用），都需要获得大学的书面批准。

第七十条 大学有权在遵行大学章程和政府公文的前提下拥有自己的学生校服、大学教职工工作制服以及大学雇员服装。

第八章 处罚条例

第七十一条 若未经授权使用或仿造学位服、学位别针、学位徽章、学生校服、教职工工作制服,抑或未经授权对外表明可颁发博士学位证书、硕士学位证书、学士学位证书、研究生学历证书、专科学历证书和未经授权私自设立大学教学职位的,将判处6个月以下有期徒刑,或罚款5万泰铢以下,情形严重者判刑兼罚款。

第七十二条 犯有以下规定者:

(一)无论使用何种颜色和方式进行伪造或仿造校牌、校徽、大学或教务处的印章、标志;

(二)使用伪造的校牌、校徽、大学及教务处的印章、标志;

(三)未经许可使用有违反第六十九条规定的校牌、校徽、大学及教务处印章的物品或商品;

将判处一年以下有期徒刑,或罚款10万泰铢以下,情形严重者判刑兼罚款。

如若同时犯第(一)项、第(二)项,则按照犯第(二)项来进行判处惩罚。与第(三)项接近的错误视为可接受的错误。

临时条例

第七十三条 根据1987年版清迈大学章程,大学的一切事务、财产、债务、预算以及收入依法归大学所有。

第七十四条 根据1987年版清迈大学章程,公务员、政府雇员、隶属清迈大学的教职工在本章程生效时可继续担任公务员、政府雇员和教职工的职位,并且要依据本章程在大学履行职责,上述提到的履行职责是公务员履行职责、政府雇员履行职责、大学教职工履行职责。

为了便于公务员、政府雇员、教职工的人事管理,依据第一章,大学作为公务机构，由大学从预算资金中支出给公务员、政府雇员、教职工发放月薪、佣金及其他相关的开销，或视实际情况而定。

依据第一款，公务员或教职工有权利晋升为教授、副教授、助理教授或其他职位，但要按照高等教育院校公务人员规定和程序或者相关告示执行。

依据第一款，政府雇员和教职工有权调动自身岗位，但要按照财政部的相关规定和程序或者相关告示执行。

依据第一款，在公务员、政府雇员和教职工职位空缺的情况下，不论是在本章程生效之前或生效之后，应撤销这些空缺职位并计算这些职位的转移率和预算，包括用于支付月薪、公务员预算和其他相关的开销。按照预算法的规定，大学设立这些职位被认为是大学上述预算中的支出转移。

依据第一款，由校长、院长、办事处主任、系主任，或其职位等同者作为管理者，管理公务员、政府雇员和教职员工。依据高校公务员规章制度和其他法规，或依据相关的规定、程序和内阁的决议，给予校长、院长、办事处主任、系主任，或职位与院长、系主任相当的部门负责人权力。

在高等教育院校公务员规定或财政部关于政府雇员的相关规定与本章程不一致的情况下，或者可能存在部分不适用的情况下，依据大学章程执行。

第七十五条　根据 1987 年版清迈大学章程，在本章程生效时，校长、院长、办事处主任、系主任或其职位等同者将继续任职直至任期结束。但是依据本章程如果上述人员中有大学的公务员，则在本章程生效之日起一百二十个工作日之内提交其说明变更岗位为大学教职工的原因。到规定的一百二十个工作日之后还没有提交变更岗位为大学教职工的说明，上述职位就要被取消。

副校长、副院长、办事处副主任、系副主任或其职位等同者继续任职，直至校长、院长、办事处主任、系主任或其职位等同者离职而终止任期。

学术负责人继续任职直至任期结束。

学术副负责人继续任职，直至学术负责人离职而终止任期。

第七十六条 根据第七十四条第一款的规定，公务员或政府雇员自愿变更工作岗位为大学教职工，要在本章程生效后递交变更岗位说明书给校长，并且递交后不可撤回。

根据1987年版清迈大学章程，若上述人员没有按照第一款变更岗位，则视为该人员仍是公务员或政府雇员。

依据第一款，如果有人员在本章程生效之日起一年内递交变更岗位为大学教职工的说明，则给上述人员分配大学教职工岗位。

依据第一款，如果有人员打算在本章程生效之日起不超过三年的时间内将其岗位变更为大学教职工，则大学人事管理委员会根据大学的规定和程序进行岗位调整。在本章程生效之日起三年后，如果有人自愿成为大学教职工，而且大学认为这些人员将有利于大学发展，大学将会按照大学的规章制度批准其进入大学教职工岗位。

依据第七十五条规定变更岗位为大学教职工的准则和方式应遵照大学的规章制度。

从1987年版清迈大学章程生效之日起，大学下属职工变更岗位为大学教职工的，应按大学规定的准则和方式执行。

第七十七条 根据第七十五条和七十六条规定变更岗位为大学教职工的人员所获得的月薪、佣金、福利以及其他奖励应不少于其原工作岗位的收入。

第七十八条 根据第七十五条和第七十六条规定，从公务员到大学教职工的变更应被视为退出政府服务，因为政府根据具体情况，按照公务员养老金或公务员养老基金法案终止或废除了该职位，使公务员成为符合本章程规定的教职工。

公务员已经是政府养老基金的成员，即使他们已退出政府服务，也有权要求成为公务员，根据政府养老基金法案领取养老金。

政府雇员若想转岗成为大学教职工应按照本章程进行，因聘用期满、职位取消或未犯错而离职的人员可依据相关部门有关薪资待遇的规定依法享受其应得的薪资待遇，并依据本章程成为大学教职工。

第七十九条　根据1987年版清迈大学章程，本章程实行期间，大学委员会主席、副主席和委员继续担任其职位直至新一届大学委员会成立，继续担任期限不得超过自本章程实行起一年。

王室敕令施行满一年半后，依据第二十一条第（二）项规定，首先采取抽签的方式罢免委员会中的半数委员，然后在余下的委员中选取一人负责组建新的、完整的委员会。

第八十条　在未组建第二十六条规定的大学学术委员会期间，依据第七十九条，委托大学委员会代理执行大学学术委员会的职权，直到依本章程组成大学学术委员会为止，代理执行期限不得超过本章程实行后一百八十天。

在依据第二十九条的大学学术委员会管理章程尚未颁布之前，以大学委员会管理章程为执行标准，该管理章程需符合1987年版清迈大学章程，并在本章程实行期间推行使用。

第八十一条　在本章程实行期间，依据1987年版清迈大学章程选举的大学促进委员会主席和委员继续担任原职，直至新一届大学促进委员会产生，继续担任期限不得超过本章程实施后一百八十天。

第八十二条　本章程实行期间，依据1987年版清迈大学章程选举的教职工委员会主席和委员，以及依据大学公告所设的公务员和雇员委员会主席和委员，继续担任原职，直至按本章程产生新一届委员会，继续任职期限不得超过本章程实施后一百八十天。

第八十三条　第三十六条规定的大学校长及第四十条规定的大学各部门负责人的任职期限一律遵守1987年版清迈大学章程。

第八十四条　在第四十一条的规定下，本章程实施前，依据1987年版清迈大学章程，常驻委员会团体、常驻委员会学士学院、常驻委员会研究院、办事处或具有同等权限的机构以及其他委员会可通过受聘或选举的方式产生，继续担任其相应职位直至第四十一条规定正式实施。

第八十五条　本章程实行期间，依据1987年版清迈大学章程聘任的大学教授、名誉教授、特聘教授、副教授、特聘副教授、助理教授、特聘助理教授、普通教师或特聘教师继续担任原职。

依据本章程，其他学术部门的任职人员可继续担任原职。

第八十六条 依据本章程，在由公职人员部门中具备第七十四条规定的公务员和雇员来管理大学事务的情况下，上述公务员和雇员享受大学教职工同等资格，参与教职工委员会事务，且这类事务应按照大学章程执行。

第八十七条 本章程实行期间，仍然保留依据1987年版清迈大学章程设立的公务部门、大学其他单位，直到大学组建新的委员会分担其工作，并且要求新委员会在本章程实施的三年内组建完成。

第八十八条 依据本章程，大学的条例、公告、准则、规范和方法的颁布工作应在本章程实施的三年内完成。

在上述条例、公告、准则、规范和方法尚未颁布之前，依据国家法令、各部律令、各小部律令，大学部门公告、规章、条例、根据1987年版清迈大学章程颁发的公告以及其他在本章程执行期间实施的相关法令来执行工作，且不得违背本章程。

签署人：素拉育·朱拉暖上将

注：本章程的颁布使用是为了调整高等教育机构，使其适应当代经济与社会的发展，推动公立大学发展成为在国家统筹监管下的非公务单位。办高等教育机构应充分考虑学术自由和学术卓越，以促进高等教育机构发挥其高质量、高效率的独立自主、自我管理作用，为推进大学实施上述发展路线，制定本章程就显得十分必要。

（文献来源：https://council.cmu.ac.th/th/cmu-act-2551/）

七、越南河内百科大学章程

2017年10月10日，河内百科大学校长颁布的2138/QĐ·ĐHBK号决定附件

第一章 总 则

第一条 调整范围

本章程是关于机构、人事组织方面的规定，规定各个组织和个人在河内百科大学活动中的责任、义务和权利。（以下简称"学校"或"河内百科大学"）

本章程具体化了《大学章程》中的各项规定，遵守了《高等教育法》，符合政府总理1924/QĐ-TTg号决定中的一所全面自主大学权利与义务的规定。在学校的各项文件中，本章程具有最高的法律价值，是颁行各项规章制度的基础。

本章程适用于河内百科大学的所有组织和个人。

第二条 法律地位

河内百科大学是直属国家教育与培训部的公立大学。学校是据1956年3月6日政府147/NĐ号决议而成立的，最初名为百科专业大学。学校以第一届的开学日期10月5日作为校庆日。

学校有法人账户、公章、标识资格。据《大学章程》《高等教育法》、政府 16/2015/NĐ-CP 号决议、政府 77/NQ-CP 决议、政府总理 1924/QĐ-TTg 号决定以及其他各项法律规定文件，学校对本校机构的组织、任务的执行、财政和资金的管理享有自主实施权。

《大学章程》根据 2014 年 12 月 10 日政府总理 70/2014/QĐ-TTg 号决定颁布实行。

2015 年 2 月 14 日政府 16/2015/NĐ-CP 号决议是关于公立事业单位的自主机制的决议。

2014 年 10 月 24 日政府总理 1924/QĐ-TTg 号决定是关于 2014—2017 年公立大学基础教育革新试点活动机制方面的决定。

学校的英文名称译为：Hanoi University of Science and Technology.（英文简称为 HUST）。学校法定地址：河内市二征夫人郡大古越街 1 号；学校官方网站为：https：//hust.edu.vn。

第三条 词语解释

在本章程中，一些词语的使用如下所示：

（一）"学校"是简写，指的是河内百科大学全体，包括全体机构、干部、学生、财政、资金和品牌的系统组织。

（二）"干部"是指得到学校支付资薪或工资的教职工，有教师、研究人员、行政人员和其他劳动者。"专职教师"是指得到本校聘用并签订一年或一年以上工作合同或劳动合同的人。

（三）"学生"指的是正在攻读学校学位和非学位课程的学生。"大学生"是指正在攻读学校学位的学生，也包括毕业之后的学生。"校友"是指曾在本校接受过教育的大学生。

（四）常用名词（如大学生、讲师、系……）根据语境的使用，可指少数或多数的人员。如果没有标写清楚，可理解为在学校或校内范围内（本校学生、本校讲师）。

第四条 使命、愿景及核心价值

（一）使命：发展人类，培育高质量人才，研究科学，创新工艺和传授知识，服务社会和国家。

（二）愿景：成为一所领先于研究领域，以技术和工艺为核心的大学。在发展经济知识和为维护国家和平安全方面作出重要贡献，是越南大学教育系统中的先锋。

（三）核心价值：品质—效果、正直—尊重、鞠躬尽瘁—贡献、个人才能—集体智慧、继承—创新。

第五条 权利与义务

根据政府总理 1924/QĐ-TTg 号决定，学校依据《高等教育法》和《大学章程》行使权利与履行义务。

（一）关于科学培育与研究方面：

1. 在符合规定条件时，决定按照学校的发展方向，开设本科和研究生专业；

2. 根据学校的方案确定招生指标和组织招生，确保公开透明，并按规定实施优先招生制度；

3. 决定教学和学习的方案、用语、方法和资料，管理培育，测评学生学习成绩，文凭和证书的颁发；

4. 评估和检验质量，承诺每个培训计划规定的输出质量标准；

5. 参与国内各个培训基层组织、国际上有威信的大学和培训组织联盟的决定；

6. 决定科学研究、研究成果商业化、科技服务等工作；

7. 参与国内外工艺研究和交流合作，组织各项会议和学术研讨会；

8. 在教育、科学和技术领域提供公共事业服务，包括国家订购的服务。

（二）关于组织机构、人事方面：

1. 决定各直属单位的成立、重组、合并、分离和解散；决定各直属单位的职能任务和活动规定，保证机构的工作效果得到发挥。

2. 决定管理干部、教职工队伍的标准、数量、工作部门、工作岗位、聘用、管理、使用和发展；根据法律规定决定管理干部的工作合同，教职工的解聘、晋升、处分，工作合同、劳动合同的签订和终止，以及各项制度和政策的落实。

3. 决定与国内外劳动者、讲师、科学家、管理者劳动合同的签订和终止；任命、聘用在合法劳动年龄以内的应聘者，以落实教学、科研领导和管理等工作。

（三）关于财政、资产和服务工作方面：

1. 根据国家批准的框架条例，确定相应的学费征收范围；落实国家规定的学费征收、管理和减免机制。设立大学生援助基金，制定和落实奖学金政策，鼓励优秀学生和贫困学生学习。

2. 为投资扩大物质设施、培育人才，保证教学和科研质量，制订计划和决定来源经费的使用；主动平衡收入来源和调动其他合法来源，为发展总体物质设施，决定投资、采购、修缮等项目的实施工作。

3. 根据规定设立资金后，决定收入差距较大的职工干部的额外收入，确保公平、公开、透明；与国内外讲师、科学家、管理人员签订劳动合同时，决定工资和收入。

4. 决定学校的财产、设施和品牌价值的使用；联合企业落实各项培训、科技工作，开展符合专业领域的工作；决定教学、培训、科研、咨询和扶持大学生工作的资金分配。

第六条 社会责任

（一）实现已公开的最高责任使命，维护和发扬学校的核心价值、文化本色和优良传统。

（二）在条件允许的情况下，为学生的成功创造质量保证条件以及给予最大限度的扶持政策，以保证教学质量。

（三）实现人人平等，为残疾学生、贫困学生、少数民族学生创造便利的学习条件。

（四）推广和传授科研、技术发展成果进入生产生活的实践当中，为社会和国家带来最好的效益。

（五）建立标准的教学环境；关心教职工和学生的物质、文化和精神生活。

（六）根据法律规定，学校开展的各项活动须向国家管理机关和其他有关方面报告、公开和说明；不准个人或组织随意利用学校的名义和物质设施进行与法律规定和本章程相悖的活动。

第二章 学校的组织与管理

第七条 组织与管理机构

（一）大学的组织和管理系统具有等级结构，方便学校机构领导和管理学校，并对其附属单位负有高度的权利与义务。

（二）学校的组织与管理机构有：

1. 学校理事会；

2. 行政负责人（包括校长和副校长）；

3. 科学教育委员会、咨询委员会和其他委员会；

4. 职能部门和办公室；

5. 下属单位，包括系、学院、研究中心和研究院（统称为专业单位），其中每个单位下设研究实验室。

6. 下属辅助单位，包括图书馆、服务中心、服务和商业中心。

（三）学校所有的有限责任公司为河内百科技术投资和发展公司，学校通过该公司投资和发展各项商业和服务活动。

（四）在宪法和法律的前提下，学校党支部根据越南共产党党章进行活动。工会和青年团、退伍军人协会和学生社团组织依照法律和工会的规则运作，在党委的统一领导下开展活动。

第八条 学校理事会

（一）学校理事会是管理机构，是学校所有权的代表，是各方相关利益的代表。学校理事会由教育与培训部部长决定成立。学校理事会有十九至二十七位成员（为奇数），并且有非正式成员，其中有：

1. 学校干部成员占70%至75%的比例，其中学校党委书记、校长、副校长、学校工会主席和青年团书记为固定成员，直属单位的部分教师、研究员代表为非固定成员。

2. 校外成员占25%至30%的比例，由教育与培训部举荐的国家管理机关代表，校友代表，部分单位、企业、组织机构代表，部分活跃于学校培训和研究等相关领域的科学工作者代表组成。

3. 学校邀请出席各项会议并提出建议但不参加表决的非正式学生代表。

（二）学校理事会五年为一任期。学校理事会成立的流程、标准，推荐、选举各直属单位的成员，以及校外成员的流程由干部工作机制具体规定。

（三）学校理事会的职责和权力：

1. 对战略、计划和政策发展的决定。

2. 审议并通过组织和运营机制、财政管理机制、学校资产管理机制和干部工作机制。

3. 对招聘计划、招生计划、财政预算计划、投资计划的决定。

4. 根据规定落实委任流程，推荐校长和副校长人选；评价每年的任务完成情况，对校长和副校长在任期间不定时组织信任投票。

5. 决定机构组织关于直属单位的成立、重组、合并、分离和解散方面的工作。

6. 监察学校理事会各项决议的落实工作、学校各项活动中民主机制的落实工作。根据规定，要求校长就一些尚未正确或全面落实的问题进行说明。

7. 学校理事会的决定对全校、国家管理机关和社会实行集体负责制；每年或不定时向教育与培训部报告学校的质量保障条件、工作成果、承诺履行情况和财政等。

（四）学校理事会可设立一位主席和秘书以协调学校的运营。学校理事会任命学校理事会常务理事执行学校理事会规定的一系列任务，包括理事会主席、学校理事会秘书、校长、学校工会主席、教育与培训部的代表成员以及最多两名其他成员。

（五）学校理事会实行集体领导、少数服从多数原则。学校理事会的决议在通过表决或书面听取意见的方式得到学校理事会成员人数一半以上的同意后，方可生效。学校理事会例会为一年两至四次，具体由学校理事会的计划而定。学校理事会在收到学校理事会主席、校长或学校理事会三分之一以上成员的提议文件后,方可召开非常会议。会议形式为现场或直播的方式,但最少要有三分之二以上的学校理事会成员出席。

(六)学校理事会使用学校的印章和组织机构来开展理事会的工作。学校理事会设有学校理事会办公室,该办公室是学校理事会和理事会主席在行政和办公室工作的协助部分。学校理事会秘书对学校理事会办公室负责,其中包括由校长根据学校理事会主席建议调拨的其他干部成员。

第九条 学校理事会主席和秘书

(一)学校理事会主席负责协调管理学校理事会的运营。学校理事会主席的标准依据《高等教育法》而定。学校理事会主席不得担任学校机构的其他管理职务。学校理事会主席的委任、免职、革职和辞职根据《高等教育法》《大学章程》和教育与培训部的规定执行。学校理事会主席的工作和津贴待遇等同于校长一职。

(二)学校理事会主席的职责和权力:

1. 制定理事会的工作机制;
2. 给理事会成员分配任务;
3. 制订理事会的运营计划;
4. 召开理事会会议;
5. 决定议事日程,主持理事会的各项会议;
6. 根据理事会的决议代表理事会签订各项文件。

(三)对于计划上安排的会议,如学校理事会主席离校三个月或因故突然缺席的,学校理事会主席可下发文件授权给其他学校理事会成员履行职责,总的授权时长在一年内不能超过六个月。

(四)根据学校理事会的工作机制,学校理事会秘书应协助学校理事会和学校理事会主席完成一系列的工作任务。学校理事会秘书由学校理事会主席在理事会成员中举荐,并在学校理事会批准后任命。学校理事会秘书不得兼任校长、副校长一职。学校理事会秘书工作和津贴待遇等同于处长一级。

第十条 校长和副校长

（一）校长是学校的法定代表人，是在学校自主权和自我负责的基础上，调度和管理政府交付的各项工作的带头人。根据《高等教育法》和《大学章程》，校长具有以下职责和权力：

1. 根据学校理事会决议，对学校战略、政策、规划、发展计划、运营计划、各项文件进行制定和颁布。颁布规章制度，指导和组织学校理事会决议的实施工作。

2. 根据学校理事会的决定，决定学校直属单位的成立、重组和解散。在咨询有关委员会的基础上建立、重组和解散其他单位；决定各单位的职能、任务、组织和运营规则。

3. 组织招聘、发展、管理和有效利用职工干部队伍；决定各单位职工和干部的委任、免职；委派人员参加河内百科大学的监察委员会和理事会。

4. 决定发展培训部门和优先研究领域；颁布计划并指导落实培训、研究和服务活动。

5. 决定各项援助学员活动；决定社会关系、商业关系、国际关系的传播和发展活动。

6. 为发展物质基础决定各项投资、采购、修缮项目的实施；在财政预算计划得到批准的基础上，决定经费的收入支出款项。

7. 建立干部和学生监察机制；在学校理事会和干部职工会议上汇报每年的运营成果。

8. 作为账户持有人，决定每年内部经济机制的批准，在法律上对学校所有的财政和资金的管理工作负责。

9. 根据法律和国家赋予的自主权，代表学校行使其他的权利和履行义务。

（二）副校长应协助校长管理、调控部分事务。副校长的职责与权力如下：

1. 根据校长的分工负责部分工作领域和单位；代表校长解决负责领域里的工作。

2. 配合其他副校长指导各单位解决关联到多个领域的工作。

3. 代表校长与校外机关、单位和个人在负责的工作领域工作；代表校长签署授权内容文件。

4. 向校长报告落实工作的计划、进度和结果；在其负责领域对校长和法律负责。

5. 按照校长的分工执行其他任务。

（三）校长和副校长由教育与培训部部长委任或者由学校理事会推荐。学校有三到五个副校长，具体数量由教育与培训部部长根据校理事会提议决定。校长的任期是五年，副校长的任期与校长的任期相同。校长和副校长按照任期任用和再任用，但不能超过连续两届任期。校长和副校长的任职标准按《大学教育律法》执行；除此之外，负责培训的校长和副校长以及负责研究的副校长必须要求有教授或者副教授的职称。校长和副校长的任用、免职、辞职和离职的流程和手续按照《大学教育律法》《大学条例》《教育与培训部规定》执行。

（四）校长和副校长按照领导制度在校领导集体中统一配合工作，同时提高集体智慧和每一个成员的作用和责任。校长设立和颁行校领导集体的工作制度，以便给校领导集体的成员分配责任、负责领域和工作配合原则。

（五）校长办公室是帮助和支持校领导各项活动的常设部分。校长就每届任职人员的组成、任用调动作出决定，规定校长办公室的具体任务。校长办公室的职责包括：

1. 办公室主任协调管理办公室人员，支持校领导的公共活动和直接帮助校长调配校内各单位的活动；

2. 助理组直接帮助校长和副校长汇总、了解和调配每个领域的工作；

3. 秘书组直接负责文件和行政的工作。

第十一条　科学教育委员会

（一）学校科学教育委员会根据校长的决定成立，跟随校长有五年任期。在政策、规章制度、发展方向以及培训、研究发展计划方面向校长提供咨询，组织各专业单位机构，任命学科职称和发展教职工队伍。

（二）科学教育委员会有二十五位成员，包括校长、副校长、职能部门主任、专业部门主任、有威信的教授和学校核心专业领域的校外代表。委员会主席由委员会严格投票选举产生，必须有二分之一以上的委员会成员同意。委员会主席有义务根据校长的提议召集和主持各项委员会会议。委员会主席在委员会成员中指定委员会秘书。

（三）科学教育委员会每个学期例行召开一次会议，还可以根据校长的提议召开紧急会议。当最少有三分之二的成员出席会议的时候，本次会议视为符合规定的会议；当有二分之一以上的总数成员同意时，委员会的结论为有效，在必要场合里可以申请意见表决。对于一些日常工作，委员会主席决定组织会议或者向委员会成员询问意见。会议记录必须在会议当天起十个工作日之内递交给校长。

（四）科学教育委员会的结论是给校长了解和作决定的参考意见。如果校长所作决定与科学教育委员会的结论不同，校长要负个人责任，这种情况需要在最近的学校理事会会议上向学校理事会报告。

第十二条 校级委员会和咨询委员会

根据法律的规定和具体任务的要求，校长成立各种委员会以及在一些专业工作方面，如招生、培训、研究、招聘、任用、政策制度、竞赛、奖励、处分，帮助校长作出决定的咨询委员会。

第十三条 职能部门和办公室

（一）职能部门和办公室（以下统称部门）参与和帮助校长集中管理行政工作，组织执行一些全校范围的任务。部门在分配的工作领域中执行以下任务：

1. 在战略、定向以及与学校使命和在每一阶段的实践背景相符合的发展计划方面给予校长参谋；

2. 起草规章制度、规定、说明、计划、提案、项目文件，具体组织开展国家的法律规范、政策和学校的战略、定向以及发展计划；

3. 建立工作计划，根据工作计划引导、帮助和配合部门执行任务，保证质量、效果和符合规定；

4. 了解和解决工作业务，提出办法，排除困难，保证纪律，提高工作质量和效果；

5. 在相关工作中给予干部、学生提供最好的指导和帮助，对社会群体和社会尽好责任；

6. 汇总、报告、管理、备案工作资料。

（二）校长决定各部门的成立、拆分、合并和解体，规定部门的名称、职称和具体任务：行政综合、组织、计划、财政、培训、研究、大学生工作、物质基础设施、保证质量、监察、法制、媒体和公关。

（三）部门主任是部门的负责人，根据法律和学校规定行使职能，在执行部门任务的质量和效果方面对校长负责。部门主任有以下职责和权力：

1. 制订工作岗位计划并呈校长审批，提出聘用职位和任职期限，参与部门人员的选择、安排和任务分配，对部门人员的工作质量、能力和效果进行评价。

2. 在自己部门和其他有联系的部门的职能工作方面，为校长提出参谋意见，帮助校长制订学校的工作计划。

3. 制订自己部门的工作计划给校长批阅，根据校长指示主持或者配合学校其他部门主任实施工作计划。

4. 有效管理使用各部门上交的开展服务工作和活动所需的物质基础设施及经费。

5. 签署批阅各个通知，指导落实学校内部工作；根据校长指示，按授权签署一些校外文件。

6. 与校外相关机构和合作机构的代表合作，按同级原则接待来访的校外机构的干部、学习者和相关人员；

7. 参加工作组并完成校长交付的其他任务。

8. 根据部门委员会的安排，代表部门报告工作，在必要场合可以直接向校长报告并征询校长的意见。

（四）部门副主任是帮助部门主任协调管理和组织落实部门任务的人。每个部门有二到四个部门副主任，具体数量由校长决定。

（五）部门主任和部门副主任根据五年任期任用，可以再次任用，但不能超过连续两届任期。部门副主任的任期与主任的任期相同。部门主任和部门副主任的任用、免职流程由《干部工作条例》规定。

第十四条 系和学院

（一）系部、学院是与《大学章程》中定义的"院系"相对应的培训和研究单位。

1. 系部是一个专业单位，负责教授一些大纲课程、整个学校的辅助科目，但不进行学位培训。学院可以组织实施或参与科研活动。

2. 学院是大学的核心专业单位，其主要职能是在大型专业领域进行学位培训、科学研究和知识转移。学院注册为一个拥有自己的印章和账户的科学技术组织，在执行专业任务、管理人员和管理预算使用方面享有很高的自主权，并且主要负责关于培训结果、研究和资源的有效利用。

（二）系的职责和权力：

1. 负责指定科目的管理和发展；准备教学人员、教程和物质设施，以满足培训计划的要求；配合制订教学计划，组织教学和评估学习成果；管理教学质量，实施提高教学质量的措施。

2. 确定研究方向，建立研究小组，提出研究任务；参与研究任务的选择和投标；根据分级协调选择和管理任务。

3. 根据《干部工作条例》，实施工作管理和发展干部队伍中的分级内容；根据《财政管理条例》，管理使用预算和其他合法收入以及资产。

4. 参与实施学校的一般任务和紧急任务。

（三）学院的职责和权力：

1. 根据学院的能力和学校的发展方向发展培训产业并提出招生目标，满足学生和社会的要求；参加招生工作，确保招生规模和提高入学质量。

2. 管理和制订培训计划和科目；准备教师队伍、教程和物质设施，以满足培训计划的要求；协调制订教学计划，组织教学和评估学习成果；实施质量管理培训，提高培训质量，根据学院的专业知识实施短期培训课程。

3. 根据学院的专业知识和学校的发展方向，确定研究组的研究，开发和发展方向，方案、主题和项目提案，满足社会和国家的要求。

4. 参与国家、国内外各组织和企业有资金来源的科技任务的选拔和投标；根据分级来考虑和管理任务，开展科技服务活动。

5. 与信誉良好的国内外组织、企业、培训和研究机构开展合作，提高研发活动的质量和效益。

6. 管理和支持学生学习、研究、生活和就业，帮助学生练习和提升最佳的专业能力和个人素质，成为对社会有用的人。

7. 根据《干部工作条例》，在发展和管理干部队伍中实施分级内容；根据《财政管理条例》，管理预算和其他合法收入来源，管理使用资产。

8. 实施沟通和对外活动，发展校友网络和企业关系，提高学院和学校的形象和地位，有效开拓培训和研究服务资源。

9. 参与实施学校的一般任务和紧急任务。每个学院的职责和权力可以根据校长的决定进行调整。

（四）系和学院的组织结构：

1. 系的组织结构包括一名系主任和最多两名副主任、系委员会、直属科室。系设有办公室以及一些不属于学校组织结构的共享设施。系人员包括各学科的专职教师，以及能满足系总体运作的行政人员和技术人员。

2. 学院的组织结构包括院长和副院长、学院委员会、其他委员会和咨询委员会、各部门、中心和附属研究实验室。学院有自己的组织和运营规章制度，由校长根据本章程和法律颁布。学院设有办公室以及一些不属于学校组织结构的共享设施。学院的人员包括各学科的专职教师、合同制研究人员，以及能满足学院一般活动的行政人员和技术人员。

第十五条 院长和副院长、系主任和系副主任

（一）院长是学院的负责人，负责以最高的质量和效率组织实施学

院的任务。院长有以下职责和权力：

1. 制定关于组织和活动、学院内部支出条例以及整个工作人员会议的规定，提交给校长批准决定。

2. 管理和发展干部队伍；建立就业地点规划，制订计划和参与招聘过程；负责制定培训补贴、任务分工和干部评估；参与工作规划，任命和提拔干部；提出干部的工作调动、轮换和工作期限。

3. 向校长提供有关本学院和其他学院专业领域相关工作的建议，帮助校长制订学校的总体工作计划。

4. 制定学院的发展方向、规划和工作计划，提交给校长批准；主持或配合其他学院实施规划和计划。

5. 有效地管理和使用为学院的工作和运作分配的设施和资金；根据《财务管理条例》，制定和实施工资收入支付制度，根据工作岗位和工作业绩增加员工。

6. 根据学院的职能和任务，与校外的相关机构和合作机构合作，根据同级原则，接待来访的校外机构的干部、学习者和相关人员。

7. 根据校长的授权，以院长的资格和学院的印章为教职工和学生的与教学工作和学习相关的证书、证明及推荐信签字和盖章，并在职责范围内协助学生完成。

8. 根据校长的授权，以院长的资格和学院的印章在与国内外合作机构和企业签订的协议或合同上签字和盖章，以实施合作培训、研究和支持学习者的活动。

9. 加入工作组并完成校长交待的其他任务。

10. 根据学院委员会的安排，代表学院报告工作，在必要场合可以直接向校长报告并征询校长的意见。

（二）系主任是系的负责人，负责以最高的质量和效率组织系任务的执行。根据本条第（一）款的规定，系主任和院长具有相同的职责和权力，其区别如下：

1. 制定系内部支出规定，并在全体干部会议上通过，提交给校长批准决定。

2. 根据校长的指示为教职工和学生的与教学工作、学习相关的证书、证明和推荐信签字和盖章，并在职责范围内协助学生完成。

3. 提议校长与国内外合作机构和企业签订协议和合同，以实施合作培训、研究和支持学习者的活动。

（三）系副主任/副院长协助或代表本单位管理和协调一些活动，负责分配的工作。每个系/学院的副主任/副院长不超过两名；对于拥有100名以上工作人员和500名以上全日制学生的学院，应增加一名副院长。

（四）院长和副院长、系主任和系副主任必须是在本单位专业领域具有博士学位的教师，在教学、科研和管理能力方面享有盛誉。对于没有博士学位条件的系，校长应考虑并任命具有硕士学位的人担任系主任和系副主任。

（五）系主任/院长的任期为五年，副级跟随正级任期。系主任/院长可以重新任命，但不得超过连续两届任期。系主任/院长和系副主任/副院长的任职和免职流程由《干部工作条例》规定。

第十六条 学院/系委员会

（一）设立学院/系委员会，以建议院长/系主任执行第十五条规定的任务。有关组织、战略建设、财政计划、管理创新、干部与培训和研究方向改变等内容，系主任/院长必须咨询委员会，如果不同意委员会的结论，负责向校长报告并征询意见。

（二）学院/系委员会的成员人数最少为七人，人数为奇数，包括院长/副院长和系主任/系副主任，其他部门和单位的负责人，学院/系的一些教授和副教授，以及不超过20%的具有与学院/系专业发展相关的资格和经验的外部成员。校长根据学院/系委员会批准的单位负责人的提案清单决定成立委员会。

（三）学院/系委员会投票选举委员会主席，其原则是确保50%以上的成员同意；委员会主席是召开和调控委员会会议的人。

（四）学院/系委员会每学期至少召开一次会议，由委员会主席定期或应单位负责人的要求召开会议。会议内容必须至少提前三天通知各成员，至少有三分之二的成员参与才有效；当超过50%的成员同意时，会议的结论是有效的。会议记录在提交校长审议和决定与财务工作、人员组织、培训和科学技术活动等有关的事项时，必须附有单位负责人的相应提案。

第十七条　学院的培训计划委员会和咨询委员会

（一）校长根据院长的提议在学院设立培训计划委员会，负责主持本科生和研究生培训计划的实施。每个培训计划委员会有五至九名成员，其中包括代表该行业、专业的著名教师；培训计划委员会也可以不遵循该条款，但可以应院长的建议健全。培训计划委员会在一个学期至少召开一次会议，评估该计划的实施情况，考虑修改和补充的要求，向学校理事会报告并征询意见，在此基础上根据权限由院长批阅或提交给校长批阅。

（二）对于由许多专业单位联合实施的跨学科培训计划，校长指定一个学院主持培训；培训计划委员会的组织由各单位负责人提出。学校的培训管理规定中规定了相关单位在招生和组织培训方面的职责和权力。

（三）学院的国际科学咨询委员会由校长根据院长的建议决定成立，其中包括一些在学院的专业领域里有威信的国内外的科学家、专家，就培训、研究发展方向向院长提出建议。国际科学咨询委员会以自愿无偿的原则运作，不遵循任期，但可以应院长的建议健全。

（四）企业咨询委员会由校长应院长的要求提议设立，包括与学院培训和研究活动密切相关的领导和企业管理者，就培训、研究和满足企业要求的发展方向向院长提出建议。企业咨询委员会以自愿无偿的原则运作，不遵循任期，但可以应院长的建议健全。

第十八条　学院部门、中心和研究实验室

（一）部门是学院/系的一个专门单位，负责教授培训计划中的一些科目，工作人员包括一些支持教学的教师和技术人员。部门有以下任务：

1. 根据学校和院/系的培训计划、教学计划，负责管理指定科目的内容、质量和进度。

2. 开发和完善课程内容，组织编写教科书、讲座和其他教学材料，以满足指定科目的要求。

3. 研究和创新教学方法，按规定组织对学生学习过程和结果的考核和评估。

4. 根据学校和院/系的计划，进行科学研究和技术开发，实施科学和技术服务。

5. 制订团队发展计划，参加专业领域的教师培训和再培训。

6. 按规定组织评估干部和单位的工作管理、教学和研究。

（二）部门主任、部门副主任：

1. 部门主任是部门负责人，负责组织实施本条第（一）项规定的任务，并向院长/系主任报告工作。部门的副主任是协助部门主任执行任务的人。有十五名以上干部的部门可任命两个副主任，有五名以下干部的部门不设副主任。

2. 部门主任必须是在本单位专业领域具有博士学位的教师，在教学、科研和管理能力方面享有盛誉。如果部门仅有教授普通科目和辅助科目的教师，且教师都没有博士学位，也可以指定具有硕士学位的人担任部门的负责人。部门副主任必须是具有硕士学位或更高学位的教师。

3. 部门主任任期五年，可以也可以不跟随院长的任期；部门副主任的任期跟随部门主任的任期。部门主任和部门副主任的任期不能超过连续两届。部门主任和部门副主任的年龄必须确保至少能完成任期的一半。部门主任和副主任的任职和免职流程由《干部工作条例》规定。

（三）学院可以拥有与其近似同级的中心，如研究中心或培训支持中心。

1. 研究中心具有行政管理职能，可以为在该中心工作的研究实验室和研究小组提供一般支持服务。培训支持中心具有行政管理职能，为实验室和实习室提供培训的一般支持服务。学院下属中心的具体职能和任务详见学院的组织和运作规定。

2. 研究中心有一名主任和最多一名副主任，负责管理和协调研究中心的活动；一些技术人员和行政干部帮助管理中心。中心负责人不能超过连续两届任期。研究中心主任和副主任任职和免职的流程由《干部工作条例》规定。

3. 研究实验室是一个学院研究工作的核心，专门研究狭窄的专业领域，包括一个或几个研究小组。研究实验室的人员包括各学科的教师和一些在合同制度下工作的研究人员。研究实验室没有行政管理职能，由研究中心提供行政服务。

研究实验室的任务是：

（1）科学研究和技术开发，科技服务的实施，按照学院的专业方向组织学术活动；

（2）指导博士生和硕士生开展课题研究，指导学生参加科学研究；

（3）组织各研究小组与校内外的研究机构展开合作，推动研究发展并吸引优秀的教职工来此工作；

（4）公布研究成果，参加科技论坛，推动负责的专业领域发展；

（5）根据学校的规定评估教职工和各单位的研究活动。

4. 研究实验室负责人

（1）研究实验室负责人是本专业的领导，负责专业发展和执行本条第（3）点中记录的工作，向院长汇报工作。研究实验室负责人是一个专业领导职务，不是行政管理的职称，也没有任期限制。

（2）研究实验室负责人必须是教授或者副教授，在没有教授或副教授的情况下，应由有博士学位的教师担任，从专业领域中最有能力和最负盛名的候选人中选出。研究实验室负责人任职和免职的流程由《干部工作条例》规定。

5. 建立、重组或解散一个直属于学院的研究中心或研究实验室，要在院长提议和科学教育委员会建议的基础上由校长决定。

第十九条 直属于学校的研究院和研究中心

（一）直属于学校的研究院负责组织科学研究活动，协助学校培养研究生，开发和转让跨学科或不适合学校发展的特殊领域技术。研究院可以依据学校与国内外的企业、机构等合作伙伴之间的合作协议而成立。研究院应注册成立拥有独立的公章和账户的科学工作机构，在完成专业任务时，享有高度自主权，并且管理、使用预算，同时承担研究结果和资源使用效果的主要责任。研究院享有的责任和权力如下：

1. 确定研究方向，成立研究实验室和研究小组，提出符合学校专业和发展方向的章程、项目和方案，满足社会和国家的需求。

2. 参与选择、投标、执行由国内外企业与机构资助的国家各级科技任务，按级别筛选和管理执行的任务。

3. 通过指导和管理博士生和硕士生的专业、协调组织活动，培养研究生；与国内外的研究培训机构、企业合作，开展培训活动，提高、研究和交流单位适用的专业知识。

4. 完成好管理工作中被分配的工作内容，根据干部工作原则发展壮大干部队伍；管理、使用预算和符合《财务管理条例》的其他合法收入。

5. 开展对外交流活动，发展企业关系，提高学校各单位形象和地位，有效开拓研究资源。

6. 参与完成集体工作和学校的中心任务。

每个研究院的职责和权力可以根据校长的决定进行调整。

（二）直属于学校的研究中心具有研究院的职能和任务，但是有其特殊的运营目标。研究中心执行行政管理职能并为研究实验室和研究小组提供服务支持。研究中心的专业领域运营目标分为两类：

1. 研究中心根据合作方案、投资方案或新开发领域的协商合作目标、独立的管理要求核算成立，项目结束后会进行重组。

2. 研究中心的成立旨在联结各专业单位不同的研究小组，吸引国内外的科学家跨学科合作开发研究领域，或开展合作方案和接收已完成方案。

（三）研究院/中心的总体组织机构包括主任和至少两名副主任、研究院/中心委员会和咨询委员会的职能和第十六条、第十七条中学院培训委员会和咨询委员会的规定相同；研究实验室的任务和第十八条第3点中直属于学院的研究实验室的规定相同。

对于校内与校外伙伴合作，研究院/中心可以和对方共有一名负责人。每一个研究院/中心有由校长颁布的符合法律法规的单独的组织活动规则。研究院/研究中心的人员主要有附属研究实验室研究编制的教师，同时获得学院的教学编制。研究院根据劳务合同制度和教职工的部分日常准则工作。

（四）依据第十五条第（一）项的规定，研究院/中心主任拥有和院长一样的职责和权力。副主任协助主任管理工作，安排活动，代表主任解决问题并承担工作中的责任。主任应由有博士学位的在研究工作中有名望和管理能力的教师担任。主任和副主任任期五年，可以重新任职，但不能超过连续两届。任免职务的标准和章程在《干部工工作条例》中有具体规定。

（五）直属于研究院/研究中心的研究实验室负责人与第十八条第（三）项第4点规定的学院的研究实验室负责人具有相同的职责和权力。

（六）直属于研究院/研究中心的研究实验室的建立、重组或解散应由校长根据研究院/中心主任的建议和科学教育委员会的意见决定。

第二十条 直属于学校的图书馆、出版社、服务中心

（一）图书馆的职责是协助校长管理、开拓、发展信息资源和信息服务，为学校教学、研究活动服务。

（二）出版社的职责是协助校长管理出版科学文化研究刊物，为教学研究活动和学生、教职工、公众服务。

（三）服务中心负责为全校各个单位的各种培训、研究工作及其他活动提供全面服务，此外还提供满足学生、教职工和大众需求的服务。服务中心的活动范围可能不限于教学培训、科学技术、信息、体育、文化、医疗、宿舍等方面。

（四）校长在由单位负责人提出符合法律法规的建议的基础上颁行出版社和服务中心的组织和运行规定。《干部工作条例》详细规定了负责人和副职的任免流程。

第二十一条 运营体系

（一）河内百科大学以会员制投资建成河内百科技术投资和发展公

司，由学校持有100%资本，根据企业法组织和运营，完成学校在运营体系、私立学校发展、研究成果商业化、教学培训和科学技术服务等方面的投资工作。

（二）河内百科大学技术投资和发展公司的董事会和监察委员会成员的人事任免由校长决定。

（三）每年河内百科大学技术投资和发展公司的董事会和监察委员会都要向校长和学校理事会汇报工作成果。

第三章　教职工和学生

第二十二条　教职工的分类

（一）按合约形式分类：

1. 教职工（或职工）是由学校根据职工法规定签订劳动合同、聘任并支付工资的人员。

2. 合约教职工是由学校根据2000年11月17日政府颁布的宪法第六十八条中劳动法的法律法规通过签订劳动合同聘任并支付工资的人员。

3. 合作教职工（合作者）是与学校签订工作合同并完成具体某些工作获得薪酬的人员。合作者参与教学工作被称为客座教师，签订客座教学合同。优秀的博士生、硕士生和本科生每年年末可以与学校签订助教合同，协助专业、系/学院开展部分教学工作。

（二）根据工作岗位分类：

1. 教学职工（教师）是由学校根据《高等教育法》为学校各专业单位开展教学和研究工作而通过签订合同聘任的人员；

2. 研究职工（研究员）是由学校为各专业单位开展研究工作而通过签订合同聘任的人员；

3. 技术职工是由学校为各专业单位开展研究和教学、实践指导、实验指导等工作提供技术支持而通过签订合同聘任的人员；

4. 行政管理职工是由学校为给教学研究活动提供专业行政管理服

务而通过签订合同聘任的人员；

5. 服务职工是由学校为给公众提供基础性服务而通过签订合同聘任的人员。

（三）根据职务分类：

1. 学校领导包括理事会理事长、校长和多位副校长；

2. 学校的党委、工会、青年团的领导人是党委执行委员会、工会执行委员会和青年团执行委员会的常务委员；

3. 管理职员是由校长任命在一定时限内担任管理职务的人员，负责执行、组织实施一项或多项学校工作。

第二十三条 教职工的权利和义务

（一）完成好自己职务范围内的工作和被安排的工作，严格遵守法律、学校和单位的规定和条例。

（二）维护并发挥学校的核心价值，在工作中与各方良好合作、友好相处，积极参与公众活动，为单位和学校的发展作出有效贡献；不做损害学校声誉和利益的事。

（三）按照学校对校内每个工作岗位的规定进行评估和分类，以促使教职工履行其职责。根据学校的具体规定和签订的合同，依法享有职工和劳动者权益；鼓励教职工和创造条件提高其专业和业务能力水平，以更好地满足工作岗位要求。

（四）教学职工和研究职工应被保证和鼓励学术自由，同时在高等教育环境中遵守学术准则和教学规范。

（五）职工根据职工法的规定完成工作并行使职权；合约教职工根据劳动法的规定和劳动合同中详细条款规定，完成工作并行使权利；合作教职工根据客座教学合同和助教合同中详细条款等，完成工作并行使权利。

（六）教职工根据《高等教育法》的规定，完成工作并行使权利，规定如下：

1. 参与教学课程、专业课程、教学过程和教学资料的开发；完成教学工作，指导和帮助学生；参与其他专业活动，保证教学过程质量。

2. 加入校内外各单位研究小组和研究实验室；提出任务，进行实验并公布研究结果；开发科学应用并转让技术。

3. 参与管理和监督单位和学校的运营工作；参与党、集体的工作等。

4. 定期学习和提高政治理论、专业技能和教学水平。

5. 保持教师的素质，维护教师声望和荣誉；尊重学生的个性，公平对待学生，保护学生的合法权益。

6. 根据职工法规定，与学校的教学和研究基层单位签订合同，并开展科研合作。

7. 教师被授予专业职称和科研职称，并被授予人民教师和优秀教师称号，并按照法律规定进行表彰和奖励。

8. 学校酌情按照职工法和有关规定为有教授、副教授职称和博士学位的教师在到退休年龄时办理延后退休。

第二十四条 教职工的标准

（一）教职工的一般标准：具备专业、业务、外语能力和适应工作岗位的身体健康状况；具有良好的道德品质，明确自己的身份，对学校和工作充满热情。

（二）教学职工至少拥有硕士学位及以上学历。学校优先聘用有博士学位的人担任学校的教师。

（三）除满足一般教职工标准外，技术职工、研究职工、行政管理职工还需要有符合自己工作岗位和工作要求的专业水平和业务能力。

第二十五条 壮大教职工队伍

（一）壮大教职工队伍旨在保证数量和结构，提高教职工队伍能力，为教职工在学校运营中发挥最大作用和有效作出贡献创造条件。壮大教职工队伍包括聘任、培训和培养、调度和提拔教职工等。

（二）根据学校的工作需求、工作岗位、专业职称标准、工资基金等聘任教职工，确保透明、公平、客观和合法的工作原则，吸引和聘任满足工作岗位需求的人员。应遵守职工法和各项政府规定聘任教职工，并遵守劳动法签订合同。校长通过笔试和面试的形式，在招聘委员会的协助和参谋下，聘任教职工；各职能部门及其下属单位提出需要招聘的职位并进行资格预审。

（三）根据专业职称标准、工作岗位能力要求和教职工评定结果来培训和培养、调度和提拔教职工；确保教职工使行权利和履行义务，为教职工更好地发挥自己的作用创造条件和动力。校长负责按照基本要求组织、培训和培养、调度和提拔教职工；各职能部门及其下属单位根据各单位的专业和任务，提出计划并组织符合各自职能和任务的培训和培养。

第二十六条 教职工管理

教职工管理工作旨在优化人力资源的使用，以开展学校的各项工作，同时遵守各项法律规定。教职工管理工作包括以下内容：

（一）签署和终止合同，安排和布置工作岗位；组织专业职称考试或考察；教职工的任用、再任用、免职、借调。

（二）教职工任用管理：分配任务，检查和评估教职工的工作绩效。

（三）实施竞争奖励制度和政策，解决辞职、退休、延后退休等问题。

（四）决定派遣教职工在国内外工作和出差。

（五）管理教职工的档案、统计和报告，处理教职工的投诉、申诉问题。

校长全面负责教职工管理工作。下属的部门和单位根据本条第一款第（二）项任用教职工。《干部工作条例》里详细规定了教职工管理工作。

第二十七条 管理职务的任免

（一）根据学校的需求和管理职务的任职条件以及《干部工作条例》中明确规定的职权和程序等任免担任管理职务的教职工。

（二）根据学校的具体条件，教职工担任管理职务是有期限的，任期不超过五年。在担任管理职务期间，教职工有权获得管理职务的津贴，并依据已获得专业职称参与专业活动。

（三）当教职工的管理职务任期结束时，应考虑继续担任管理职务或不再担任。在不继续担任管理职务的情况下，教职工应按照工作岗位需求被安排担任符合个人专业、业务的新职务。

（四）如果担任管理职务的教职工被安排到其他工作岗位或被安排新的管理职务，除了兼任的职务，该教职工正在担任的管理职务就理当免去。

（五）校内担任管理职务的教职工的任免属于校长的职权范围，并在《干部工作条例》中有详细说明。

第二十八条 学生的权利和义务

学生是学校活动的主体，具有以下权利和义务：

（一）行使《高等教育法》规定的权利，包括：接受教育学习、锻炼、参加科学研究和社会服务的权利；得到平等的尊重和对待的权利；为学校教学活动提出建议，参加管理和监督工作的权利；获得个人在教育活动中的课程、规则规定、学费、学习成绩的完整信息的权利；依法享有公民权利和其他的优惠政策和社会政策的权利。

（二）履行《高等教育法》规定的义务，包括：完成学校规定参加学习和锻炼的义务；积极参与科学研究的义务；参加保护学校环境，维护社会安宁、秩序和预防社会犯罪活动的义务；履行其他法律规定的公民义务。

（三）有责任维护和发挥学校的核心价值观，在教学环境中行为妥当，积极参加集体活动，为学校的发展作出积极贡献；遵守《高等教育法》的规定，不做出任何违反学生规定的行为。

第二十九条 管理和帮助学生

（一）管理学生包括：收集和保存学生的详细资料信息；监督、考查和评价学生的思想、道德纪律；做好学生在竞优、表彰和纪律等方面的工作。

（二）帮助学生是为了帮助学生充分行使权利和履行义务，全力发挥出自己在学习研究、人格发展中的潜能。帮助学生包括：

1. 学习咨询、简化行政流程：支持学生制订符合个人学习目标的学习计划和符合个人能力的学习方法；提供教学课程信息，指导学生获取学习资源（学术、财政、技术）以有效提高学生的学习、研究效率，帮助学生简化学校内外的与学习和生活相关的行政程序。

2. 职业指导和就业咨询：为学生参加学习科研活动、创新创业活动提供咨询服务和帮助；组织课外课程和专业技能学习、实践课程，参观能帮助学生提升技能并补充实用知识的生产活动。

3. 心理咨询、健康保持：在遇到心理和社会问题时提供咨询，为学生提供及时的帮助；提供咨询服务，帮助学生在遇到影响身心的问题时，获得必需的帮助和支持；组织学生定期体检；组织学生遵守医疗健康法，为学生提供体检、治疗和急救服务。

4. 课外活动、文化艺术、体育锻炼：组织课外活动、学生俱乐部，以提高学生的组织能力，练习有利于专业的技能；组织文化艺术、体育锻炼活动，创造健康、实用、有利的环境，为改善学生精神生活作出贡献。

5. 财政、生活帮助：与各机构和个人协商设立、管理奖助学金；给优秀学生和家庭条件困难的学生发放奖助学金；根据国家规定办理助学贷款；依据国家财政政策为学生减免学费。

6. 特别帮助：在校内开展服务工作，创造条件帮助国家政策扶持的家庭条件困难或有其他困难的学生；在学习、研究和文化交流过程中开展活动帮助国际学生。

7. 组织和管理各项服务学生工作：在遵守各项法律法规的原则上，为学生提供宿舍、互联网、餐厅、食堂、停车场、操场、安全等服务设施，有效利用学校设施和资源。

（三）校长制订计划并组织开展各项活动帮助全校学生。各个学院制订计划并组织开展各项活动帮助下属单位管理的学生；主动配合各机构、企业、个人赞助的学生活动。使用学校的公共设施必须有校长的批示。

第四章 教学活动

第三十条 开设专业

（一）开设的新专业，是尚未在学校开设的专业，或者是根据学校开设的专业开发新的培训方向，新的专业必须满足社会经济人力资源的需求，与研究活动密切相关，并符合学校的战略发展。

（二）学院提出并制定开设新专业的方案，包括以下主要内容：

考虑实际情况和开设新专业的必要性、教学目标等，衡量教师队伍的教学能力、教学服务基础设施，提出并设计新的教学课程，制订新专业开设计划。在提出开设新专业的决议的基础上，校长组织审定开设新专业的方案，并询问计划投资委员会意见。

第三十一条 教学合作

（一）教学合作包括：与国内外和国际教育机构合作开设相关教学课程；学习并应用国外的高级教学课程；与企业在教学实践和教学课程开展过程中进行合作；师生互相交流；认可与其他大学的教学课程和学分。

教学合作的目的是有效地利用外部资源，完善教育课程，提高教学质量和国际一体化，满足学生和社会需求。

（二）专业单位积极发展与国内外合作伙伴的合作关系，校长决定与国内外合作伙伴的教学合作。直属非专业单位与合作机构和企业在落实和发展教学计划中合作。单位和个人不得随意组织活动或支持外部单位或个人的活动，不得以任何形式宣传招生，以免对学校造成不利竞争。

第三十二条 制订教学计划、教程和资料

（一）教学计划是整个专业教学过程的蓝图，并与许多培训方向相关联，包括目标、内容、进度、对教职工和设施的要求、培训方法。课程开发是一个不断改进培训计划的过程，包括制订新计划，或修订和改进现有计划以创建新的计划，满足社会日益增长的需求。学校的培训计

划旨在匹配基于学历的培训。

（二）校长组织制定总要求和课程框架，审定和发布各项计划，以应用于整个学校或部门小组。国外的教学计划必须已获得组织核实并获得新的国际标准认证才能运用于学校。学院主要负责开展由培训计划委员会和专业团体提供的培训计划。

（三）教程培训计划中包含的课程或课程的官方教学和学习资料以越南语或英语出版。其他资料包括讲课内容、参考书、专著、电子书、电子期刊。

（四）校长组织制定教科书使用规则，以指导和具体规划、组织编写和评估教科书和资料。图书馆负责协助院系采购、管理和存储教程和资料，以满足学生和教职工的需求。

第三十三条 招生

（一）招生工作包括制定招生方案、制订招生计划、招生信息、组织注册和实施报告规则。招生的目标是确保入学学生的规模和质量，严格遵守教育与培训部的规定。

（二）校长负责制订年度招生计划，与计划投资委员会协商，并向教育与培训部报告。年度招生计划的内容包括：确定招生指标，各专业招生、各级招生、招生考试和录取的条件和方案。在已确定招生方式的基础上，部门制订招生计划。

（三）招生信息包括每次招生前在公众媒体上发布的信息，向学生和社会广泛传播有关学校的招生方案、每一专业的教育水平、每个专业/培训计划的学费信息。招生咨询是以在线和组织活动的形式提供咨询服务。培训管理部门主持制定出版物信息内容、管理招生信息渠道和参与招生咨询活动。

（四）校长决定成立招生委员会帮助开展招生等相关工作，按现行招生规定组织本科生和研究生招生。

（五）部门根据教育与培训部的规定，汇总公布每次招生的结果、课程安排和入学报告制度的实施情况。录取考生的入学工作根据校长安排完成。

第三十四条 制订培训计划和组织培训

（一）制订培训计划是指按照培训计划开展工作安排，遵守培训规定，为学生创造有利条件，有效利用学校的教职工队伍和设施。根据学年和学期规划制定的培训计划，包括课程开设计划、教学时间表、教室安排、考试计划和学习成果评估。

（二）组织培训是根据培训规定实施培训计划，包括组织学生注册，指派教学和指导人员，组织上课和指导实践、实验、实习、设计、论文，组织考试和评卷、评估学习成果。

（三）校长指导部门制订整个学校的设施使用计划；学院、系制订本单位的设施使用计划。学院、系主要负责组织培训；部门根据分配的任务提供帮助服务；学科和工作人员根据学院、系分配的任务直接进行教学、考核和评估工作。

第三十五条 短期教育和再教育

（一）短期教育和再教育是指组织和开展非学位教育，包括专业知识补充、技能培训和根据需求开展的培训进修。完成课程后，学生将获得证书。培训进修包括：制订课程培训计划、招收学生、组织教学、检查和评估学习成果以及颁发证书。

（二）专业知识补充或技能培训的计划由相关专业领域的学院制订。学院在校长的授权下签订培训合同、招生、组织授课、评估结果和颁发证书。

（三）校长指派并授权相关的职能专业单位管理培训计划、组织教学、评估结果并颁发教育与培训部规定的证书。

第三十六条 学位和证书

（一）毕业证书是对学生完成以及满足培训计划要求的确认。文凭是指对于某一培训的学生达到学士学位、工程师、硕士或博士学位的承认。证书是对学生完成并满足短期课程或某些课程要求的认证。校长根据学生的学业成绩和专业学院的建议，颁发毕业证书和文凭，授权给学院、系为短期课程颁发证书。

（二）参加签订了书面协议的外国大学学生交换项目并与学校交换

学分的学生，在完成培训计划后将获得河内百科大学的毕业证书和外国大学颁发的文凭。

（三）学校管理文凭和证书，包括为符合大学本科生或研究生毕业资格的学生提供文凭及其印刷和发放管理，向已完成非学位培训课程的学员颁发证书，按规定在学校网站上公布毕业生和文凭的相关信息，以证明文凭和证书的发放。校长对培训等级的文凭和证书样式、印刷、储存、发放文凭和证书的过程、销毁印刷错误文凭的过程以及实施报告和监测制度作出具体规定。成立学校学位管理委员会，以法律规定为基础管理文凭和证书。

第三十七条　保证教学质量

保证教学质量是学校教学使命、目标和质量承诺的实施，包括内部质量保证和校外组织的评估检查。

（一）内部质量保证是一个连续的过程，以确保学校教学使命和目标正在实施，确保全校范围、某一专业单位或每一培训计划的审查标准正在保持和提高。内部质量保证包括：建立质量流程和标准体系；建立质量保证条件并分析风险因素；规划和组织质量保证过程的实施；质量检验和评估；实施质量改进措施。内部质量保证是学校所有部门和单位的责任。校长组织制定和颁布内部质量保证法规，部门指导和帮助各单位执行。

（二）外部评估是指学校以外的单位、组织在评估范围内对学校活动进行检查，提出认定、评价和建议。在与计划投资委员会协商的基础上，由校长决定采用国家或地区或国际评估标准，决定评估鉴定单位。学校向全体教职工、学生和社会公布所有评估结果，根据评估结果改进教学体系，保证内部质量。

第五章　科学与技术活动

第三十八条　管理和实施课题研究

（一）学校的所有教师和研究人员都有权提出研究课题和项目（以下简称"课题"），在政府和国内外组织、企业的资助下参与选拔或参与课题的实施。

（二）学校是课题的主持单位。如果符合要求，研究院和研究中心可以由校长授权担任某些类型的课题和注册活动的主持单位，例如"科学技术法"的科技组织。

（三）主持单位负责在提出、阐述和实施课题过程中为教职工提供帮助；指导、管理、跟踪和检查实施情况；对研究结果、内容、评估验收和清算负责，并按规定实施报告制度。

（四）课题主任根据已获批的正确指示负责组织任务实施、报告实施进度和办理验收手续，并按规定公布课题研究成果信息。

第三十九条　研究合作

（一）学校鼓励并为单位、教职工和合作研究小组创造条件，在遵守法律规定，保证学校、单位和个人利益的原则上与国内外的培训机构、研究单位、组织和企业进行研究合作。

（二）研究单位、研究小组主动发展与国内外合作伙伴的研究合作关系。对于使用学校资源（人力、财力、物力）的合作，或是有利益共享或指向各方利益共享的合作，必须签订合作协议和合同。校长可以授权给下属单位签订只涉及使用单位资源和分享私人利益的合作协议或合同。

（三）在学校教职工受邀参与校外合作伙伴的课题的情况下，教职工有责任向校长报告并征求同意。在必要情况下，各方之间应签订合作协议，保障学校和单位的权益，包括公布和使用共同研究成果的权利。

第四十条　提供科学和技术服务

（一）科学和技术服务是为科学研究和技术发展提供服务的活动，是与知识产权、技术转让有关的活动，是关于通信、咨询、培训、再培训、传播和应用科学技术知识和实践经验的服务。

（二）部门、下属专业单位和学校的企业负责与企业接触以便介绍科技产品、各项科研和技术发展所取得的成果，负责帮助将这些成果运用到生产实践和生活中。

（三）部门、下属专业单位与合作伙伴就提供科技服务进行详细谈判。根据服务种类和合同金额，校长按以下内容决定专业单位的分级：

1. 单位主动签署、实施并按规定报告；

2. 单位呈送给校长审查并根据每一具体合同授权。

第四十一条　知识产权

（一）知识产权和知识财产（总称为知识产权）包括发明专利权、独家解决方案、工业样式、商标权技术流程和技术方案。

（二）部门在知识产权转交和商业化活动中，和企业、作者进行协调，确立和保护知识产权。

（三）学校是使用国家预算和学校合法收入取得科研成果的知识产权和转让权的所有者。有关各方的权利和义务在学校的知识产权管理规定中有具体规定。

（四）作为合作研究成果的产品，相关各方要详细规定每项知识产权的权利和义务。

第四十二条　科技产品的孵化和商业化

（一）在评估市场和社会的需求后，科技产品可得到帮助进行孵化和商业化。

（二）学校为下属单位制定了活动规则框架，以便开展从咨询、制定方案和部署到完善、应用、科技产品的孵化和商业化活动；通过建立企业的模式，调动投资资金及其他形式的活动来推动形成科技型企业。

（三）科技产品的孵化和商业化活动应在遵守法律各项规定和按校长批准的方案下开展。

第四十三条　学生的研究和创新活动

（一）学生的研究和发明活动通过各种研究小组、社团、创新竞赛和会议来组织。

（二）专业单位通过各种形式来帮助学生的研究和发明活动，如提供物质基础条件、拨款资助、选派指导教师、举办竞赛和会议。

（三）学校通过各种形式帮助全校的活动：为研究和发明学生社团提供活动场所和经费，并提供经费参与各类活动，如发明竞赛、研讨会和博览会。

第四十四条 举办科技会议、研讨会和论坛

专业单位制订关于举行科技会议、研讨会和论坛的计划；部门向校长报告专业单位范围外的专业活动研讨会。

校长制定有关学校、国家和国际层面组织会议、研讨会和科技论坛的规定，其中明确规定：科技会议、研讨会和论坛的主题、目的、内容、章程、计划和活动管理机制由学校和专业单位组织。

第四十五条 公布科学成果和出版科学刊物

（一）根据科技法和学校的规定，学校教职工和学生有权发布和出版科研成果。

（二）根据高校间商讨的规则，学校可与一些科技大学合作出版科技杂志。

第六章 财政和财产

第四十六条 财务管理

（一）学校按分级模式管理财务。根据《财政管理条例》，所有下属单位都已分配并实施财务管理计划，其中所有收支均已核算。学校发挥预算分配和集中结算的作用，监管下属单位依法使用财政资源。

（二）《财政管理条例》统一规定收益管理、分配、调节和经费使用的原则。学校在法律和学校自主权的基础上规定校内单位开支的一般标准和规范。

（三）院系、研究所、研究中心、服务中心和出版社都有其单位的内部支出规定，根据分配的预算计划来管理支出活动。

第四十七条 制订财政计划

（一）制订财政计划目的是确保学校资源稳定发展，提高科研和培训质量，透明、统一、有效、规范地管理财政，确保有效节俭地支出，逐步增加教职工的收入并为学校发展的再投资作贡献。

（二）根据《财政管理条例》，每年各单位都会对其所有的活动做

收入和支出的估算，包括由单位组织的全校的资助活动。

（三）根据《财政管理条例》和各单位的财政收支估算，校长指导财务咨询委员会和部门起草财政预算计划和投资计划，并提交学校理事会批准。

（四）根据批准的年度财政计划，校长与各单位一起统一内部经费机制。

第四十八条 管理收入来源

（一）学校的收入来源包括：

1. 国家财政预算拨款，包括所有项目资金、采购资金、培训活动与科技活动资助、学生活动资助；

2. 根据国家和学校财务自主权规定的各项培训计划学费和手续费；

3. 从学校下属单位的培训合作、科学技术、投资和服务活动中收取的资金；

4. 国内外人士和组织赞助、赠送和捐助给学校及下属单位的资金；

5. 国内外人士和组织对学校的投资；

6. 在法律规定内的其他合法收入。

（二）国家财政预算拨款的资金根据国家的预算法和现行规定进行管理。

（三）学校的事业活动收入由校长决定收入额度，按国家现行规定和财务管理规定统一管理和集中核算。

第四十九条 管理支出

（一）管理支出的目的是保证单位和个人能遵守国家和学校的规定，有效、节俭地使用经费。支出内容应符合学校理事会批准的财务计划和《财政管理条例》。

（二）支出内容应符合国家管理的额度。对于那些没有规定额度或学校自行决定的支出，学校应设定支出额，并纳入学校的内部支出规定。得以分配财务管理权力的单位必须制定自己的内部支出规定，以规定其自主支出额度。

（三）财务管理部门配合各单位结算学校的经常性支出，配合投资项目功能规划和管理部门结算投资发展项目。

第五十条 收支结算

下属单位应按规定收支结算资金。财务管理部门负责制定收支情况报告，平衡学校的预算来源并提交校长审查。校长向学校理事会报告财务收支结算计划。

第五十一条 检查、监管财务

（一）财务管理部门负责监督有财务活动的单位执行法律规定的情况，监管各单位使用国家预算下拨的活动经费、基金的情况和财政自查工作、财政管理制度的执行情况。

（二）校长决定成立内部检查团，按规定执行内部检查工作的报告制度，根据年度财务报表，校长决定邀请独立审计。

（三）学校理事会监督校长财务计划的实施。

第五十二条 设立各项资金

在一年中依据有关规定结清各项经费、税费及其他费用后，收大于支的部分用来设立各项资金。设立额度是在校长建议的基础上由学校理事会审核通过；在得到学校理事会审核的财政和投资计划的基础上，校长根据财政管理制度决定如何使用资金。

（一）事业发展资金：用于投资和发展来增强事业活动，补充投资建设基础设施资金，采购办公设备设施；筹集资金与国内外组织和个人合作联营，依据法律规定组织与学校职能、任务和能力符合的服务活动。设立额度至少是年度收大于支部分的25%。

（二）奖励和福利资金：用于根据工作成绩和为学校的活动作出贡献的校内外的集体和个人提供定期、不定期的奖金。设立额度最多不超过三个月的薪资、报酬和年内平均收入。

（三）储备金：用于在必要情况下补充教职工的薪金支出预算和其他类型的收入。

（四）资助大学生资金：用于落实大学生奖学金、免减学费政策和组织扶持教育教学、科学研究和全体大学生活动。从年内金融活动成果、学费利润和寄存在商业银行的资金收入中设立此资金。

（五）科学技术资金：用于赞助由校长决定的没有年度财政计划的各项科学技术活动。

（六）财政预防资金：用于财政赤字、项目外增生的费用、突发投资活动等情况的支出。由校长决定年度设立额度和使用财政预防资金。

第五十三条 服务活动投资

（一）学校通过河内百科技术投资和发展公司为教育教学和科学技术领域的服务活动进行投资。

（二）校长提交由河内百科技术投资和发展公司董事会成员建议的学校理事会决议的投资方案，在此基础上审批决定。

（三）河内百科技术投资和发展公司的监督部门根据企业法监督投资活动。

第五十四条 投资发展基础设施

（一）规划设计：建设规划和设计对象包括校园、建筑物、办公区、教学区、职能区和其他辅助区域。规划设计工作必须依据学校长期计划和发展阶段，符合学校战略和发展方向。学校分配责任：

1. 规划和管理投资的部门负责规划设计；

2. 管理基础设施的部门负责总装备和设备设计；

3. 专业单位负责实验设备系统的详细设计和安装。

（二）促进和管理投资：学校鼓励各单位积极推动、寻找投资资源。学校分配责任：

1. 规划和管理投资的部门负责投资项目的建设、建议、管理和执行；

2. 管理基础设施的部门配合开展投资项目中的设施建设和设备安装部分。

（三）采购、雇用：采购、雇用活动必须依据确保质量、效果、廉洁的原则和符合国家规定实施。学校实行集中采购机制，指定采购管理单位，对外部所有商品和服务进行采购和雇用活动。

（四）建设安装：对外投资项目的资金来源、设施建设和设备安装由规划和管理投资的部门负责，管理基础设施的部门与专门单位协调审定和验收。各专业单位根据批准的规划设计、不同渠道的资金来源，负责设施的建设和设备安装。

第五十五条 管理和使用资产

（一）学校的资产包括有形资产和无形资产，包括基础设施、品牌、知识产权、信息产权等。

（二）学校根据国有资产管理和使用的法律规定，在国家财政预算的规定内管理和使用学校资产；自行负责和使用国家财政预算以外资产。

（三）在学校理事会决议的基础上校长负责制定和颁布与现行法律规定相符的资产管理规定。

（四）根据资产管理规定，校长交给校内组织和属于学校的单位管理和使用资产。

第五十六条 开拓基础设施服务

（一）学校集中管理用于教育培训、咨询和学生活动的基础设施的使用和租用的面积；计划开展一些适合该功能的其他服务，授权给某些单位管理经营和开发。

（二）校长决定学校教育和科学技术活动方面的联营、合作，资产、基础设施和品牌价值的评估和使用；按照专业领域、学校自主权和法律规定组织服务活动。

第七章 交流和对外活动

第五十七条 交流和对外活动的目标

交流和对外活动旨在传播学校活动信息、宣传形象、设立和发展品牌、巩固和提升学校在国内和国际上的地位；履行学校对学生和大众的社会责任；发展合作关系，寻找和吸引财政资源，吸引优秀教职工队伍，学习先进管理经验和知识为学校发展服务。

第五十八条 交流管理

（一）管理为信息交流服务而使用的一维或二维交流工具；管理交

流活动的内容和形式，由学校、单位和个人组织活动；

（二）与外部通信机构和单位合作，通过外部通信系统监控和处理与学校相关的问题；

（三）校长指导制定和颁布对于校内组织、单位和个人的规定，以开发和提高交流活动的效率，确保所有交流活动在严格遵守法律规定的情况下进行。

第五十九条 内部交流

（一）内部交流是为了加强学校的愿景、价值和文化的传播，为教职工和学生提供有关学校的顺畅信息；有助于创建和发展学校与教职工之间的紧密和稳固的关系，在履行责任中，为领导、管理层、教职工和学生建立高度理解和认同感。

（二）内部交流包括以下活动：普及有关发展战略的信息，更新学校活动情况，传递关于教职工和学生的制度和政策，以及与学校各项活动领域相关的政府规定和学校规定；设立和运行推动内部交流和接收反馈意见的通信渠道。

（三）内部交流通过以下方式完成：以新闻通讯、内部期刊、电视报道、视频剪辑、广播、图片、文章等形式发布于内部媒体上；组织教职工会议、内部培训、直接交流等活动；通过电子邮箱、电子信息站点和社交网络传达内部信息。

（四）学校全面管理内部媒体和学校网站的信息内容。下属单位管理单位网站，负责利益相关者提供、跟踪和处理的信息内容。

第六十条 对外交流

（一）对外交流旨在向学校以外的组织和个人介绍和宣传学校的良好价值观和积极形象，尽量减少对外交流对学校声誉和形象的负面影响。主要的交流对象包括：国家管理机构、社会政治组织、国内外企业、高中生、学生和家长、学校校友和原工作人员。

（二）根据交流计划，学校通过以下活动组织实施与外界的交流：出版和发行出版物；设计和发行纪念品；组织交流活动、新闻发布会；在广播、电视、书籍和杂志、印刷报纸和电子报纸等大众媒体上投放新闻、文章和电视报道。

（三）传播部门的职能是负责收集和编辑在大众媒体上发布的信息；监控来自外部媒体的与学校有关的信息并提出解决的措施；在指定的领域撰写和提供文章和报告。

（四）学校负责管理和主持与全校教职工和学生相关的交流活动。专业单位带头组织单位内的交流活动。校长发布有关交流的具体规定，包括召开新闻发布会，指定发言人、新闻媒体提供者以及处理交流危机的原则。

第六十一条　品牌管理

（一）品牌管理包括品牌定位、品牌识别系统设计和交流活动组织，以提升学校的品牌价值。品牌定位是一系列旨在创建具有特定地位的学校品牌的活动，在高等教育系统中具有自己的形象。品牌识别系统必须充分传达学校品牌的核心价值，包括支持该品牌向教职工、学生和社会推广的各类新闻、文章和出版物，以及仪式和活动的组织方式。

（二）校长颁布有关学校品牌管理、使用和开发活动形式的规定。传播部门主要设计和管理学校的品牌识别系统，对学校和下属单位的出版物制定规范，监督品牌识别系统。

第六十二条　对外活动

学校的对外活动包括发展国内关系和国际关系，具体包括以下内容：

（一）与国内外各组织和个人（以下称为"合作伙伴"）协商，签署并援助合作协议实施项目、方案和计划，在培训、科学研究和服务方面实施双边和多边合作。

（二）寻找潜在的合作伙伴，动员、接受和协调国内外合作伙伴赞助资金。

（三）参加国内和国际各大学和协会的网络活动，发展专家网络、校友网络；组织外部交流活动，组织和管理学校代表团的海外出访，欢迎外国游客到学校来和接待国际宾客；其他对外礼宾接待活动。

第六十三条　发展国内关系

（一）国内合作伙伴与学校有合作、联结和扶持关系，包括国家管理机构、社会政治组织、企业、培训机构、研究机构、专业协会、教师和科学家、校友等。

（二）整个学校的领导层、下属单位和教职工共同发展国内关系，使学校获益。校长可授权给若干下属单位根据平级原则与国内合作伙伴签署合作协议、章程和合作计划。

（三）行政部门负责管理和协调与国内伙伴的合作活动；在国内开展礼宾接待活动；接受国内合作伙伴的资助。

（四）学生事务部门负责管理和发展学校的校友网络，以帮助收集学生毕业后工作的反馈信息、对培训计划和培训质量的评价意见；寻求技术研发的合作机会；为学生吸引赞助商、提供奖学金。

第六十四条　发展国际关系

（一）国际合作伙伴与学校有合作和扶持关系，包括有外国元素的组织和企业，海外大学教育机构和研究机构，国外网络和专业协会，外国教师、教育专家和科学家。

（二）学校鼓励和促进下属单位和教职工发展国际关系，使学校受益。校长决定签署或授权下属单位负责人与国际合作伙伴签署合作协议。

（三）国际关系与合作部门负责管理、协调和承办国际关系发展活动；学校的各个单位促进和扩大国际合作，负责对外交流事务，欢迎国际宾客，组织落实和接受外国合作伙伴援助资金。

第八章　运行和监督机制

第六十五条　运行机制

（一）运行机制是组织和管理学校所有活动的一种方式，这些活动包括：布置、安排和使用所有资源；根据工作章程和计划组织开展活动；检查和评估学校的单位和教职工，以确保学校的顺利运作和遵守法律规定；促进教职工、学生和社会的民主和监督；保持并不断提高工作质量和效率，以便按照社会承诺实施全面的自治机制；及时处理和解决出现的问题。

（二）通过运行信息系统建立并逐步完善运行机制，报告运行情况、收集和处理反馈信息、检查和清查运行结果。通过本章程中提到的规定和条例实施运行机制。

第六十六条 运行信息

（一）运行信息用于学校运作的活动。运行信息包括根据职能、任务和权力从较高级别到较低级别的通告决议和行政决策、已通过分析和综合的统计数据、通知与章程、和工作计划相关的内容、业务指导资料、普及法律法规的规定。根据工作性质，经常或定期向相关个人和单位提供运行信息。

（二）通过以下渠道在学校传播和普及运行信息：在交班会议、专题会议和教职工会议上直接交流；学校网站上的电话、电子邮件、电子文档。对集体和个人有重要影响的决定和指示必须以书面形式签发，并附有主管当局的印章和签字。

（三）信息内容的建设、运作信息的管理以及记录和证据的存储，由各单位根据其功能、任务和能力进行，并确保以下原则：内容信息必须合法、准确、可靠、一致且始终保持最新；及时发布；完整存储、保密和安全。

第六十七条 报告和信息反馈制度

（一）有关单位运作的报告有助于校长了解学校的整体情况并作出适当、及时的管理决策。各单位根据规定严格执行报告制度。

（二）校长应根据学年和年度财政向学校理事会报告学校的主要成果和学校理事会决议的执行情况。

（三）从校外员工、学生、组织和个人接收并综合有关学校活动各个方面的建议和反馈，提高服务质量和运营效率，促进教职工、学生和社会的民主和监督。学校创造条件并鼓励提案、建议，根据社交网络、电子邮件、直接对话等方便的信息渠道展示组织和个人的愿望。在教职工会议、定期报告会和年度负责人会议期间，组织接收有关单位运作的信息反馈，综合信息向上级报告，按照规定处理提案、建议，按权限反馈、回答组织和个人提供的信息。

第六十八条 质量管理

（一）质量管理包括以下活动：制定质量政策和目标；制定标准和指标来评估学校、下属单位和教职工主要活动的质量和效率；根据标准和指标组织评估工作；提出并应用创新措施和解决方案以确保根据提出的质量目标提高管理、培训、研究和服务质量。

（二）必须将质量管理纳入学校和每个部门的所有活动领域。校长组织制定和颁布质量管理规定，并交给部门指导和援助实施单位，组织学校及其下属单位的评估和认证活动，根据国家和国际标准有效实施质量管理体系。

第六十九条　检查和清查

检查是对实际运行情况的审查，监督实施既定目标的过程。检查是一项定期活动，以确保单位按照所分配的职能和任务运作；确保正在进行的工作符合实际；及时提供指导和调整，确保单位工作的质量和效率；根据计划评估活动的实际有效性。单位在每个单位内和协作单位之间建立自我检查系统。检查权限根据单位的职能和任务确定。

校长主持学校层面的检查，以考虑工作计划的适当性和实际执行情况，指出管理、实施、组织的不足之处，及时发现违法行为和导致违法行为的原因和条件，及时采取处理措施和预防措施。

清查是对学校下属单位及其负责人执法的审查、评估和处理，按照检查法和法律规范文件规定的形式、顺序、程序和权限进行。清查的目的是预防、发现和处理违法行为，发现协调管理机制、法规和规章的漏洞；提出建议纠正措施；促进积极方面，有助于提高活动的有效性和效率；保护学校、组织和个人的权利和合法利益。

检查工作是按计划或突击进行的。检查内容的选择突出重要性和焦点性。部门帮助校长制订和实施校长管理下的所有活动的年度检查计划和特殊检查，主持小组检查法律的实施，并执行学校下属单位和个人的指定任务。

第七十条　解决投诉、申诉

根据案件的性质，学校将根据投诉法和法律规范文件规定的顺序、程序和权限接收和处理投诉，解决投诉和申诉。

单位负责人应当与部门协调，解决首次涉及行政决策和行政行为的投诉；校长指导解决对首次投诉结果不满意而进行的第二次申诉。校长解决关于校长、副校长、校长指派的负责人的行政决定和行政行为的首次投诉；校长发布教职工和学生的纪律决定。

校长有权解决对负责人在执行公务时的违法行为的投诉，有权解决对负责人在履行其指定的职能和任务时的违法行为的投诉。对于复杂的案件，校长设立一个工作组来收集证据，证明和核实投诉内容。部门帮助校长根据法律规定在其权限内组织实施解决投诉和申诉。

第七十一条　竞赛和奖励

校长发布文件规定学校竞赛的名称、表彰，审查竞赛过程的标准，指导并检查学校各部门的实施情况。

管理委员会与学校工会、青年团协调，在学校开展和组织实施竞赛运动。

集体和个人出色完成指定任务，成绩突出，在培训、科研、工作和学习方面取得了意想不到的成绩，由校长考虑并给予奖励。根据政府、部委和分支机构以及学校的规定获得奖励。

第七十二条　处分

校长有权根据现行法律和学校规定，对管理的教职工和校内学生进行纪律处分。

第九章　实施条款

第七十三条　实施效果

本章程在签署公布决定后三十日生效。与本章程不相符的先前章程和规定均废除。

第七十四条　实施单位

校长根据本章程的规定指导学校各单位实施。各单位负责人将本规定具体化为符合单位实际情况的内部规定。

根据本章程，校长对部门的组织结构、职能和任务进行指导、修改，颁布下属单位的组织和运作规定以及学校领域的管理规定。

校长有权决定不符合本章程规定的部门的改制途径。

校长：黄明山

（文献来源：http://congbao.hust.edu.vn/index.php/home/doc_details/406-.html）

八、越南胡志明市国家大学章程

按照政府总理的 1997 年 3 月 28 日第 185/TTg 号决议颁布

第一章 总 则

第一条 本章程规定胡志明市国家大学的组织和活动的基本问题。

第二条 胡志明市国家大学是一所多行业、多领域的培训中心和科学研究中心,隶属教育与培训部。

第三条 胡志明市国家大学是具有法人资格、独立账户、独立标志并且有政府总理规定的独立公章的组织。

第四条 胡志明市国家大学是国家优先投资师资力量、物质基础、装备和设备以及财政的单位,以此保障培训和研究的质量及效果。

第二章 培训和科学研究任务

第五条 胡志明市国家大学按照越南社会主义共和国所有学位培训类型的培训专业名单和文凭、证书体系进行培训。

(一)大专;

（二）大学；

（三）研究生；

（四）博士。

胡志明市国家大学按照培训计划、提高水平及相应证书等级进行培训。

胡志明市国家大学可以开设新的培训专业试点或者改变、重新安排已有的培训专业，构建培训计划（按照教育与培训部规定的知识结构和工作量）。

新的专业在获得教育与培训部的批准后将列入正式培训名单。

第六条 胡志明市国家大学校长有权向胡志明市国家大学培训单位的大专、本科毕业生颁发毕业证书。附属学校校长有责任将获得本校提议颁发文凭的学生名单递交由胡志明市国家大学校长决定。

为了达到胡志明市国家大学的学位水平，任何培训计划都必须在教育与培训部登记。

胡志明市国家大学附属学校校长可以颁发证书并对胡志明市国家大学校长公布的获得证书的人员名单负责。

胡志明市国家大学得到权力机关授权后，允许向国内外的科学家、教育家、社会活动家授予名誉博士或者教授称号。

第七条 胡志明市国家大学授课语言是越南语。在邀请国外专家来授课的情况下，校长对外语授课有决定权。

第八条 胡志明市国家大学进行基本的和科技问题的研究，以便解决国家经济社会提出的问题，必要时参加科技项目、国家工程和经济方面的审定。

第三章 人事组织

第九条 胡志明市国家大学的组织机构包括以下单位：

（一）附属学校和研究院；

（二）科、教研室、中心、图书馆等；

（三）培训单位、研究中心、杂志、实验室、实习厂、印刷厂等；

（四）校务委员会、校长、校长办公室。

政府总理决定胡志明市国家大学成立或者解体附属学校、科学研究院。

胡志明市国家大学校长决定成立或者解体第（二）项、第（三）项、第（四）项中各单位。

第十条 校长是胡志明市国家大学的负责人。胡志明市国家大学校长由政府总理根据教育与培训部部长的提议任免。胡志明市国家大学校长对政府总理和教育与培训部部长规定的胡志明市国家大学的活动负责。校长任期为四年且不得连任超过两届。

协助校长的是按校长提议得到教育与培训部任免的副校长。副校长的任期与校长的任期相同。

第十一条 胡志明市国家大学科学与培训委员会是为校长的教育和科学研究工作提供咨询的组织。

胡志明市国家大学科学与培训委员会成员包括：

（一）校长和副校长；

（二）胡志明市国家大学附属学校校长；

（三）胡志明市国家大学附属研究院院长和研究中心主任；

（四）国内外的教学干部和科学家。

胡志明市国家大学科学与培训委员会的主席和成员由教育与培训部决定认可。委员会的任期是四年。委员会的活动章程由校长规定。

根据工作的需要，校长可以成立其他临时咨询委员会。

第十二条 胡志明市国家大学附属学校由校长负责。胡志明市国家大学附属研究院由院长负责。对于附属学校和研究院：

（一）校长、院长由教育与培训部部长按照胡志明市国家大学校长的提议提出任免决定。

（二）校长、院长承担领导和组织自己单位规定的一切任务的责任。

（三）校长、院长的任期为四年并且不能连任超过两届。

（四）协助校长、院长的是副校长、副院长。在任免副校长、副院长之前，胡志明市国家大学校长根据校长、院长的提议选出副校长、副院长，并向教育与培训部部长报告。副校长、副院长与校长、院长的工作任期相同。

第十三条 附属学校校长和研究院院长对其单位内的各系主任、副主任、处长和副处长作出任免决定，并且向国家大学校长报告。

第十四条 胡志明市国家大学附属学校和研究院都有一个科学与培训委员会。科学与培训委员会任期为四年。

科学与培训委员会为校长和院长的培训和科研问题提供咨询服务。

（一）附属学校的科学与培训委员会包括：

1. 校长、副校长；

2. 系主任；

3. 中心主任；

4. 国内外的科学家和教学干部。

（二）研究院的科学与培训委员会包括：

1. 院长、副院长；

2. 科学研究院院长；

3. 校内外的科学家和教学干部。

附属学校的科学与培训委员会由校长任主席，研究院的科学与培训委员会由院长任主席。校长、院长决定任免副主席、秘书和委员会的成员。

第十五条 胡志明市国家大学在编人员按照政府总理和教育与培训部部长规定的国家标准评定级别、职称。

胡志明市国家大学有责任每年向教育与培训部报告劳动薪资、编制计划，并接受政府组织部的领导。胡志明市国家大学进行定期评价并重新安排管理干部队伍，管理干部的工作要符合国家相应级别的要求。

第十六条 胡志明市国家大学的教学队伍包括国内外科学单位聘请的编制和兼职人员。胡志明市国家大学教学人员和研究人员必须有好的品质，专业水平高，外语能力强。

胡志明市国家大学对所有附属学校和研究院的教学队伍和研究人员进行定期评价，在国家大学范围内重新安排工作。

胡志明市国家大学可以对本单位员工评定和认定讲师、正研究员、正研究员以下的职称。

第十七条 获教育与培训部部长批准后，胡志明市国家大学按照校长颁行的独立章程和流程招收学生。符合条件规定的越南人和外国人都可进入胡志明市国家大学学习。

根据教育与培训部的规定，胡志明市国家大学提出合适的学习、检查和考试规定以保障教学质量。胡志明市国家大学的学生有责任完成各项任务，按规定保障学习和生活中的各项权益，最大限度发挥自己的才能和智慧。

第四章　财　政

第十八条 胡志明市国家大学是一级预算单位，可以独立管理财政，有独立账户，包括外币账户。每年胡志明市国家大学有责任做培训计划和财政预算，并得到教育与培训部审批和认可，财政预算向计划与投资部、财政部以及其他相关部门报告。

胡志明市国家大学校长遵照国家财政制度和会计统计法令，遵照职能、目标和发展计划为单位的活动分配和使用资金。

第十九条 胡志明市国家大学经费来源渠道包括：

（一）国家财政（包括中央和地方财政）；

（二）接受各部门补助收入；

（三）收取学生学费收入；

（四）收取科研活动、技术转让、生产和服务收入；

（五）组织和个人捐赠收入；

（六）国际赞助收入。

第二十条 胡志明市国家大学附属学校、研究院是二级预算单位，遵照教育与培训部的现行规定由胡志明市国家大学承担调配经费。

第五章　与国内外机关、组织的关系

第二十一条　胡志明市国家大学在政府各部门、机关的职能范围内受国家管理。胡志明市国家大学可以同政府的各部门、同级机关、各省市人民委员会、中央直辖市直接联系,以便解决与自己单位相关的问题。

胡志明市国家大学校长在必要时可以直接向政府总理汇报,同时向教育与培训部部长汇报自己的活动和与发展相关的问题。

第二十二条　胡志明市国家大学校长有权与国外大学、研究与培训组织签署合作协议,在国家法律和规定范围内聘请外国专家前来授课。

胡志明市国家大学可以直接与国家管理机关联系,便于胡志明市国家大学的干部、员工、学生以及受邀的外国友人办理出入境手续。

第六章　实施条例

第二十三条　该章程从签订之日起十五日后生效。

按照章程,胡志明市国家大学校长对内部组织和活动提出具体规定。根据实际情况可以重新审查和修改章程。

(文献来源:https://vanbanphapluat.co/tim-kiem? kwd=130/DHQG-HCM)

九、缅甸仰光大学章程

一、仰光大学成立

1920年12月,根据宪法(1920)仰光大学正式成立。对东南亚地区来说,出现了一所著名的大学,对国家而言也是荣耀的象征。1964年,这所大学更名为仰光文理大学。1964年以后的十年里,大学的教育水平、课程安排和各方面的形象持续下降。

1989年,由Burma和Rangon分别改为Myanmar和Yangon,大学的英文名称也由Rangon University改为The University of Yangon。

2011年,根据缅甸的教育和社会经济需求、东盟国家(ASEAN)地区的发展路线和东盟国家间相互的协议进行改革。

缅甸民主联盟移交权力期间,仰光大学为展现美好前景和将要担负教育方面的改革特制定此章程。在这个章程中,重要的一项是修订仰光大学的硕士计划。

二、名字

大学的全称为"仰光大学",英文全称为"The University of Yangon",英文简称为"UY"。

三、位置

仰光大学位于仰光省甘马育镇区 2 号小区，东边是茵雅路，北边是大学林荫路，西边是国家路。仰光大学茵雅路的西边是茵雅湖区域。

四、愿景

培养具有创新精神、有担当，且专业知识过硬、学识丰富的领导者，培养具有国际视野、服务于国家的人才，成为区域性大学的标杆，并顺应国际发展方向，提升为享有缅甸国家荣誉的大学，成为为国家利益、世界利益作出贡献的国际等级大学。

五、使命

仰光大学是拥有自治权力的大学之一，其使命如下：

（一）成为国内一流的，现代化高水平、高质量的高等教育引领者；

（二）为学生创造良好的学习环境和积极的学习氛围；

（三）助力实现国民发展目标；

（四）帮助国家实现发展目标，培养具有国家发展所需的知识技能与专业技能并获得学位的学生，开设相关课程；

（五）培养相互理解、有求同存异精神的学生，使各少数民族和不同信仰的人们能够和平地生活；

（六）促进研究实践活动的发展，在持续不断的研究活动和教育合作上扩充相关知识；

（七）在知识时代助力终生教育；

（八）通过质量管理系统（包括部门内部的质量保证系统）提升教育质量，提供社会服务；

（九）培养具有团结合作、创新创造的精神，承担社会发展改变的引领者。

六、价值观和基本原则

（一）高尚的道德、正直、忠诚；

（二）有信念、有责任、诚实有担当；

（三）平等待人、无歧视性行为；

（四）党派自由和政治自由；

（五）与相关法律法规一致，层层实现教育、组织机构、管理和财政的自治权；

（六）安排与社会需求相一致的课程；

（七）适应地区的需求、变革中的国内需要，并与世界发展方向保持一致；

（八）保证学生的安全，为学生创造一个互助、自省的环境；

（九）认真执行大学的教学大纲和教学计划；

（十）根据教学管理人员的能力水平，制定相应发展的工作前景；

（十一）创造教学和研究的学术环境；

（十二）教授学生谋生技能和社会急需的专业技能；

（十三）积极参加与研究和教学相关的国际会议；

（十四）在教育领域，联系相关人员并主动实施活动；

（十五）给予社会一个积极的反馈。

七、大学简介

按照缅语字母顺序，介绍大学的行政管理和大学的基本情况。

（一）旗舰大学。根据仰光大学的重要历史节点以及使命而制定目标，致力于个人能力和国际社会优秀领导者的培养。与缅甸国内其他高等教育组织实现传播基本常识和有益于增长国民知识水平的活动。

为实现这个目标,仰光大学所作的努力如下:

1. 作为一个负责任的大学,具有管理自主权、教学自由权和安定的校园环境;

2. 致力于在大纲、教学和研究方面做到最好;

3. 制订并实施国民发展计划、继续教育学位课程计划、终身学习计划;

4. 在全国范围内寻找优秀的教师和学生,不局限年龄、性别、社会经济状况;

5. 为未来的社会领导者提供细致和详尽的知识教育,尽可能为政府和民众的需求提供咨询;

6. 根据教育法的要求,改进高等教育教学方法,创新教学方式,成为高校的引领者;

7. 作为国内高等院校中的顶尖大学,通过与国际社会积极合作进行研究。

(二)自治大学。仰光大学在以下方面享有自治权:

1. 学术自治。学术自治表现在以下方面:

(1)根据大学院的接受能力,在规定学生人数、制定入学条例和入学方式等方面享有自主权;

(2)根据教育和社会的需要,开办和关闭学位课程和非学位课程班;

(3)可以自主选择教学语言、授课语言;

(4)制定包括学科的授课门数、范围和内容、授课的方式(全日制、远程教育、线下和远程教育相结合)、检查评估学生、学位授予和学历颁发标准在内的学位教育课程和非学位教育课程;

(5)大力支持师生开展合作项目研究,在研究方法、研究条件上给予帮助;

(6)颁布国民教学质量监控和教学指导方案或指南;

(7)与国内、地区和国际大学、学术组织开展合作。

2. 组织自治。组织自治表现在以下方面：

（1）具有完善、修改大学章程的权力；

（2）根据质量评价体系，制定和修改大学的愿景、使命、基本原则，实现大学各方面的提升。

（三）行政自治。行政自治表现在以下方面：

1. 为了成功实现大学的目标和主要工作，安排并制定实施所需的课程及基本活动；

2. 安排专职教师和外聘教师以及行政人员的工作，保障工作的有序展开并且符合规定；

3. 明确职工的职责、提升方向和升职方向；

4. 有管理和帮助从国外招聘进来的员工的权力。

（四）财政自治。财政自治表现在以下方面：

1. 年度财政使用方案；

2. 国家财政分配方案；

3. 管理来校就读一般课程的全体学生（包括留学生在内）根据财务规定缴纳的学费；

4. 管理自己的基金，包括为全体学生（包括留学生在内）和其他工作人员单独开设课程和安排工作产生的费用，以及他们的学费和其他应缴费用；

5. 根据相关法规，得到的基金纳入大学自己的基金，包括新开设课程在内的其他基础基金、捐款和其他收入。

6. 根据财政法规，公开资金来源和使用情况，包括大学的工作收入、投资收益、大学自主管理的基金等。

7. 鼓励脑力创收和参赛得奖。

八、大学的官方立场

仰光大学拥有签章、标志、旗帜、文章、歌曲和其他相关的标志的专有权。

校训（用三种语言表述）：

（一）巴利文：နတ္ထိ ဝိဇ္ဇာ သမံ မိတ္တံ；

（二）缅甸文：ပညာတက် စစ်မှန်သောမိတ်ဆွေမရှိ；

（三）英　文：There is no friend like knowledge。

九、大学的核心活动

仰光大学作为高等教育院校中的一员，在教学、科学研究和国家进步发展方面承担着教育责任。为了更好地完成这些工作，在大学入学、课程安排、教学和科学研究等方面需要制定与颁布相关条例。

（一）入学：

1. 仰光大学教育委员会为每一个专业颁布了入学相关的条例，包括规定学生人数、入学资格等；

2. 大学教育委员会为进入课程学习的外国留学生颁布规章制度；

3. 大学教育委员会回复相关部门递交的符合入学资格的人员名单；

4. 大学教育委员会下属的大学录取委员会为每个专业制定了录取条件，录取条件中规定了高考总成绩和英语单科成绩以及仰光大学的入学考试成绩，作为录取的标准。

（二）学位提供：

1. 仰光大学教育委员会规定获得学位年限、教授的课程内容、教学方式和其他事项，并监督实施。

2. 仰光大学现为本科生和研究生课程提供以下学位：

（1）本科教育：

文学士、理学士、法学士；

文学学士（荣誉）、理学学士（荣誉）；

学历班。

（2）硕士教育：

文学硕士学位、理学硕士学位、法学硕士学位；

硕士学历；

其他硕士学分课程。

（3）博士学位。

（4）高级研修班。

（三）教学和科研：

1. 大学要管理教学、科学研究、检查考试和研究成果的转化等。

2. 大学管理国外授予的教学奖、本校的教学奖、教学辅助奖以及其他授予的事项。

3. 大学根据大学管理委员会的规章制度，为提高本校教师的能力，联合国内外大学开设培训课程。

4. 大学应鼓励教师和学生在国际前沿领域和相关学科从事研究。

5. 根据法律法规在国内外出版大学自己的研究成果和其他教学成果。

十、大学的治理和管理

大学理事会、学术理事会和行政管理委员会是仰光大学的正式组织。

上述三个机构承担日常大学管理委员会的责任，如有重要事项需要大学管理委员会授权。

（一）大学理事会。根据《国民教育法》第二章第三十二条成立的大学理事会，是大学的最高治理机构，根据大学章程有权力解释大学的任何事务。

1. 大学理事会职权。大学理事会在仰光大学的治理机构里是最高权力机构：

（1）根据本章程有权力全权管理全部的大学事务；

（2）为实现大学的使命、目标，完成基本工作，理事会有权力使用、修改、增减、完善章程内容。

（3）大学理事会是大学日程工作的执行者、监督者和决议者。除此之外，对于一些其他重要事项，大学理事会的最终决定需要报送大学委员会审批。

（4）大学理事会办公室辅助理事会和大学管理委员会顺利开展工作。

2. 大学理事会成员：

（1）主席：教授/校长；

（2）副主席：副教授/副校长（学生事务）；

（3）副教授；

（4）各学院负责人；

（5）各专业带头人；

（6）各专业系部两名教授；

（7）研究中心处长；

（8）质量监控办公室主任；

（9）图书馆和展览馆馆长；

（10）办公室主任两名；

（11）学生事务管理办公室主任；

（12）教学事务管理办公室主任；

（13）财务和审计办公室主任；

（14）人力资源办公室主任；

（15）教师代表两名；

（16）学生代表两名；

（17）社会代表两名；

（18）退休荣誉学者两名。

3. 大学理事会职位成员：

（1）大学理事会职位成员包括：教授、副教授、院长、学生事务管理办公室主任、教学事务管理办公室主任、财务和审计办公室主任、图书馆和展览馆馆长、各专业带头人、人力资源办公室主任和质量监控办公室主任等。

（2）教授是大学理事会的主席，副教授（大学发展）是副主席。

（3）副教授、院长、学生事务管理办公室主任、教学事务管理办公室主任、财务处处长、图书馆和展览馆馆长、各专业带头人、人力资源办公室主任和质量监控办公室主任都是大学理事会的成员。

4. 大学理事会成员选举。大学理事会成员从各学科、各系部的教授中选取两名担任。

5. 大学理事会成员任期。大学理事会成员的任期为四年一届，不能连任超过两届。

6. 大学理事会会议：

（1）日常会议：

①大学理事会一年最少举办两次会议；

②出席日常会议的人数必须超过大学理事会总人数的75%。

（2）特殊会议：

①主席如有需要，有权召开特殊会议；

②特殊会议的出席率必须达到大学理事会成员的75%。

（3）会议出席和会议决议：

①不得缺席会议；不允许他人代替出席，可通过可视电话出席会议；

②大学理事会会议如需第三方出席，必须进行特殊邀请，特邀出席会议的人员无投票权；

③出席会议的成员通过投票进行日常会议和特殊会议的决议。

（二）大学学术委员会。在学术方面，学术委员会首要解决学术事宜，学术委员会对大学理事会负责。

1. 学术委员会职权：有责任承担所有的教育事务以及和大学主要活动事项相关的学术事项。

2. 学术委员会责任：颁布关于学生教育的相关事项，即择校的原则和入学方式、入学权利，以及换学校、换专业、复学、退学和休学等相关的方式和规章制度。

（三）行政管理委员会。为了管理大学的一些事务而成立行政管理委员会，行政管理委员会向大学理事会负责。

1. 行政管理委员会职权：

（1）经过大学理事会的批准，为学校的发展和行政管理有效执行而颁布文件。

（2）规定学生的学费、住宿费、教师和职员宿舍费等费用。

（3）成立一个宿舍管理组织来制定宿舍管理条例，管理安排大学教师和职工的住宿。

（4）在大学理事会的许可下，根据现行法律与国内外企业家和地区举办会议，共同合作项目。

（5）根据大学条例和现行法律自行解释学生和全体教职工的违约行为。

（6）为改善和维护大学校园的发展并合理使用财政基金，向大学理事会提交校园扩建、基础设施维护和新增工程项目计划，并得到大学理事会的审核批准。

（7）在讨论相关权利制定时，应颁布与教职工职责、教学发展相匹配的规定。

（8）颁布教职工的任命、岗位和职业生涯发展中升职、降职、停职的规定。

（9）在采购教学辅助物品、研究相关材料和文具，修筑建筑物和进行维修工作时，根据财务规定使用资金。

（10）依据本章程和大学理事会条例有权出台行政事务和其他相关事务的通知和条例。

2. 行政管理委员会职位成员：

（1）教授、副教授、院长、大学校园发展和管理办公室主任、信息交流技术办公室主任、学生事务管理办公室主任、教学事务管理办公室主任、财务和审计办公室主任、人力资源办公室主任担任行政职务。教授是行政管理委员会会的主席，副教授（行政）是副主席。

（2）副教授、院长、大学校园发展和管理办公室主任、信息交流技术办公室主任、学生事务管理办公室主任、教学事务管理办公室主任、财务和审计办公室主任、人力资源办公室主任是行政管理委员会成员。

（3）财务和审计办公室主任是协会秘书长，人力资源办公室主任是副秘书长。

3. 行政管理委员会人员选举：

（1）从各学部和学科的系主任中选出三名人员，作为行政管理委员会成员。

（2）选举担任行政管理委员会的成员，如果在仰光大学的任期已经结束，则无权继续担任行政管理委员会成员的职位。

（3）行政管理委员会如需要对成员的职位进行调整，则与会人数需要达到总人数的三分之二。成员的辞职、代职、停职根据仰光大学的规章制度执行。

4. 行政管理委员会会议：

（1）举行日常会议。

（2）会议如需第三方出席会议，需要特殊邀请，但第三方人员无投票权。

（3）会议需要成员本人出席，如派代表出席会议，代表无投票权。

（4）根据出席会议成员的投票结果来颁布决议。

（5）出席会议的成员有一次投票权力，如票数相同，主席有最终决定权。

5. 行政管理委员会办公室：根据仰光大学规章制度和本章程成立的行政管理办公室，辅助上述工作的开展。

十一、大学的领导者

（一）校长：

1. 校长是仰光大学的行政管理领导者，承担着大学的管理、实践、教学指导等相关事宜，直接向大学理事会负责。此外，还承担着大学教育和研究成果质量高低的责任。

2. 校长除了要有丰富的高等教育教学、研究和管理经验，还必须是一位具备优秀的学习能力和备受他人尊敬的学者。

3. 校长必须是依据大学管理委员会和国民教育政策委员会的指导，遵守现行法律、大学章程和大学组织法规条例，承担起大学发展和方向指引的领导者。

4. 校长的选举：

（1）必须从教授、副教授、学院院长和各学科系主任中选举产生。

（2）校长任期四年，不能连任超过两届。校长的离职、停职、代职需要根据大学的组织条例执行。

5. 副校长：

（1）仰光大学有教学事务副校长、行政管理副校长、大学发展副校长和莱校区副校长共计四位副校长。

（2）校长不在校的期间，校长的责任由分管的副校长承担。

6. 副校长的选举：

（1）必须从副校长、各学院院长和教授中产生，且由仰光大学的校长、副校长、院长、教授、处长、各学部的部长投票选举。副校长的任命需要得到大学理事会的批准。

（2）副校长任期四年，不能连任超过两届；副校长的离职、停职、代职需要根据大学的组织条例执行。

十二、大学的结构

仰光大学包含学院、行政部门、后勤部门。教学、研究和课程开展由人文学院、法律学院、理学院、社会学院和技术学院五个学院承担。

（一）学院：

1. 各个学院由相关多个学科构成。

2. 由以下学科和研究中心承担教学和科研任务：

（1）学习和教学中心；

（2）大学研究中心；

（3）英语语言中心；

（4）信息交流中心；

（5）人力资源管理和终身教育发展中心；

（6）图书馆和展览馆。

3. 为全面实现大学的目标和使命，与大学的发展和需求相一致，仰光大学有权对大学的组织机构进行调整。在对机构进行调整中，建立新校区，设立新的学院、学科、研究中心和其他教育管理部门的分部，都需要大学理事会的正式批准并且遵照相关条例。

4. 学院是承担仰光大学主要教学工作的组织，并且连接着各个学科和学部，并承担着安排学科的讲座和练习的工作。学院作为各学科和各学部之间的桥梁，起着信息传递和指导的作用，并助力各个专业和学部的教学能有效地进行，主要体现在以下方面：

（1）确保各学部的课程、教具、资金、人员分配和管理到位；

（2）制订和协商教学计划；

（3）确认现有的学科和新学科。

5. 学院的组成：

（1）人文学科学院包含缅文、英文、历史、东方知识、图书馆和研究部门。

（2）法律学院包含法学部。

（3）理学院包含植物、工业、化学、物理、数学、动物、地质等学部。

（4）社会学院包含艺术、古代研究、地理、国际关系、国际科学、心理学和缅甸少数民族部门。

（5）技术学院包含计算机、出版和环境、水利部门。

6. 院长：

（1）根据大学理事会颁布的仰光大学组织条例和章程，通过选举产生。

（2）必须是学院中优秀的教授或者在教学教育方面特别突出，学识渊博并且有着丰富的管理经验；且经由学院教师选举，由大学理事会正式任命。

（3）任期为三年，不能连任超过两届。

（二）行政管理和后勤部门：

1. 行政管理和后勤服务部门包括：

（1）教学事务管理办公室；

（2）学生事务管理办公室；

（3）人力资源（职员事务）办公室；

（4）财务和审计办公室；

（5）大学校园发展和管理办公室；

（6）校园社团办公室；

（7）质量监控办公室；

（8）国际合作交流办公室；

（9）对外联络和发展办公室；

（10）大学出版社。

根据大学理事会的决议成立大学发展需要的部门。

2. 教学事务和学习事务管理办公室：

（1）教学事务管理办公室主任和学生事务管理办公室主任必须由大学理事会任命，办公室主任由教授或者秘书长这一级别的人担任，并对副校长（教学事务）负责。

（2）教学事务管理办公室承担入学、休学、退学、换学校、听课、换专业、评比教学奖和教学辅助奖、制定学年教学日历、出台教学指导条例、举办考试和在规定时间内发布通过考试的人员名单、举行学位授予典礼、颁发学位证书和毕业文凭等工作。

3. 质量监控办公室：

（1）确保大学发展水平和质量与国家和地区水平发展相适应。

（2）制定保证大学教学质量的框架政策和实施方案，为相关部门检查提供依据。

（3）在教学质量监控中，办公室主任要有丰富的工作经历，向副校长（大学发展）负责。

4. 国际合作交流办公室：

（1）国际合作交流办公室承担着大学国际战略合作工作，还承担着与国外大学、教育机构、官方和非官方机构的联系与维护工作。

（2）国际合作交流办公室辅助校内所有部门作为东道主在国际教育教学相关活动中开展师生互相交换、颁发教学奖项、国际文献朗读会和举办代表大会、签订谅解备忘录和其他合同协议等活动，并使这些协议生效。

（3）办公室主任是司长级别，并向副校长（大学发展）负责。

5. 大学出版社：

（1）大学出版社出版发行仰光大学出版社的书籍、报纸、教学相关书籍文献、杂志、文章、日历、研究杂志等。

（2）出版社经理是出版社的领导，并向大学副校长（行政事务）负责。

6. 人力资源（员工事务）办公室：

（1）大学为保证教学相关工作、行政管理和其他事务的有效处理，根据相关要求进行员工招聘。

（2）大学人力资源相关原则是指员工招聘、工作岗位升职与转岗、清晰的职业发展等原则。

（3）员工的升职和转岗必须达到相关的标准，并经过专业能力的考核。

（4）在升职方面，与员工招聘一致，要综合考虑每个人的教学、科研、管理和团队合作交流学习能力。

（5）大学根据需要有权任命兼职员工。

（6）大学有权任命客座教授、名誉教授和退休名誉教授等。

（7）大学的员工出于教学和学习的需要，互相交流教学和学习经验，提升员工的专业水平，加强地区和国际教育机构的联系、交流、合作。

十三、颁布条例和指令

（一）大学理事会、大学教育协会和大学管理委员会为章程切实有效地实施，颁布一系列的规则、指导意见、通知和条例。

（二）国家下发的财政资金和通过其他渠道得到的自筹资金，根据财务法律法规使用。在使用这些资金时，需要按照标准流程向社会公开资金的使用情况。

（三）必须切实保证依照国家财政法律法规使用财政资金，按照大学财政规章制度和最新法律标准获取和管理基金。

（四）大学依据大学管理委员会的指导意见获取和管理收取的学费、宿舍费和其他资金。

（五）根据大学规章制度，为支持教学、研究和其他工作，接受捐赠人捐赠或者遗嘱捐赠的动产和不动产。

（文献来源：

缅甸教育部官网 www.moe.gov.mm；

仰光大学官网 https://www.uy.edu.mm/charter-draft/）

下编
东盟国家大学管理制度

十、新加坡管理大学法案

（第 302A 章）

（原法规：2000 年第 7 号法案）

2014 修订版（于 2014 年 7 月 31 日正式核准生效）《新加坡管理大学法案》是新加坡管理大学运营管理的相关法令法规。

2000 年 4 月 1 日，担保有限公司根据《公司法》（第 50 章）以"新加坡管理大学"的名义注册成立，其宗旨是在新加坡建立"新加坡管理大学"，并对其进行运营、维护和推广。而且就新加坡管理大学的运作和公司的某些权力作出法定规定。

简称

（一）本法可简称为《新加坡管理大学法》。

解释

（二）在本法令中，除非文意另有所指，否则——

"董事会"是指其组成文件中提及的大学公司的董事会；

就大学公司而言，"组成文件"是指大学公司的组织章程大纲和组织章程细则；

"大学公司"是指根据《公司法》（第 50 章）于 2000 年 1 月 12 日注册成立的担保有限公司，名称为"新加坡管理大学"。

（三）大学公司的职能：

大学公司的职能是在其可用的财政资源范围内，为其组织成员对象提供服务，特别是授予学位、文凭和证书，包括荣誉学位和其他荣誉。

1. 问责制和评估：

（1）大学公司应遵守大学公司与部长或部长授权的任何人之间的任何书面协议所规定的责任框架。

（2）大学公司应根据部长确定的质量保证框架评估其活动绩效。

（3）大学公司应参与通过部长定期委托的外部审查小组的评估活动。

2. 新加坡高等教育政策的方向：

（1）部长可与大学公司协商，制定部长认为适当的新加坡高等教育政策，并可指示大学公司执行此类政策。

（2）大学公司应遵守部长根据第（1）项发出的任何指示。

（四）董事会的委任：

1. 董事会应由部长酌情任命的受托人组成。

2. 部长可随时罢免或更换任何受托人，并任命新的或另外的受托人进入董事会。

（五）以下事项必须获得部长的事先书面同意：

1. 接纳任何人为该大学公司的成员，并免任该成员；

2. 处置大学公司的全部或几乎全部事业或财产；

3. 大学公司的自愿解散；

4. 增加、删除或更改大学公司构成文件的任何规定；

5. 从董事会中撤出任何受托人。

第 1 项至第 5 项所述的事项，还应符合《公司法》（第 50 章）的规定。

任何违反上述事项的行为或达成的协议均无效，在法律上不可执行。

（六）提供资金：

1. 部长应向大学公司支付国会不定期为大学公司提供的资金。

2. 根据第 1 款支付给大学公司的所有款项，应仅由大学公司用于其部长批准的文件所规定的目的。

（七）访问账户和财务报表摘要：

1. 部长或其授权的任何人均有权在任何合理的时间完全自由地查阅与大学公司的财务交易直接或间接相关的所有会计和其他记录。

2. 部长或其授权的任何人可要求任何人向他提供该人所拥有的信息或他认为必要的信息，以便确定：

（1）根据第（六）条支付给大学公司的款项是否按照该条进行了支配或支用；

（2）他认为必要的其他事项。

（3）大学公司应按部长确定的时间和方式向公众提供大学公司财务报表的摘要，摘要应采用部长可能指定的形式。

（4）任何人在无合理理由的情况下未遵守第 2 款中部长及其授权人的要求，或以其他方式阻碍或拖延部长及其授权人的行为，违反本条规定执行职务或行使权力即属犯罪，一经定罪，可处不超过 1000 美元的罚款。

（八）《社团法》在学生团体中的适用：

1. 如有与《社团法》（第 311 章）不一致的规定，只要该法的规定根据大学公司成文法的规定，就对所有学生团体成员具有效力。

2. 负责社会事务的部长可通过在宪报上发布的命令，将第 1 款所指的任何学生团体从《社团法》的全部或任何规定中豁免，但须遵守该命令中指明的条件。

（九）法案优先于成文法等：

1. 成文法的任何规定，或根据成文法的任何规定作出的大学公司的任何规定，与本法案的任何规定相抵触的，在相抵触的范围内均属无效。

2. 除本法案外，本法案中的任何内容均不得解释为免除或豁免大学公司需遵守的所有成文法,即使该成文法适用于大学公司。

立法历史

(十)新加坡管理大学法(第302A章):提供立法历史是为了方便《新加坡管理大学法》的使用者,它不是该法案的一部分。

1. 2000年第7号法令——《新加坡管理大学法》(2000年版)。

第一稿日期:2000年1月17日。

(2000年1月18日发布的第8/2000号法案)

第二、三稿日期:2000年2月21日。

实施日期:2000年4月1日。

2. 2001年修订版——《新加坡管理大学法》(第302A章)。

实施日期:2001年12月31日。

3. 2005年第47号法令——《新加坡管理大学》(2005年修正版)。

第一稿日期:2005年10月17日。

(2005年10月18日发布的第34/2005号法案)

第二、三稿日期:2005年11月21日。

实施日期:2006年4月1日。

4. 2014年修订版——《新加坡管理大学法》(第302A章)。

实施日期:2014年7月31日。

十一、印度尼西亚大学管理制度

一、印度尼西亚大学校园生活行为守则

第一条 定义

根据印度尼西亚大学董事会2003年决议书第01号文件,董事会规定:

(一)校园生活是使用印度尼西亚大学的名称或属性在印度尼西亚大学区域内外开展的活动;

(二)印度尼西亚大学的组成人员是大学教职工、印度尼西亚大学董事会成员和印度尼西亚大学员工;

(三)印度尼西亚大学的学术共同体是印度尼西亚大学的学术人员,以及印度尼西亚大学的学生;

(四)学术人员是由印度尼西亚大学学术人员任命的员工,也是印度尼西亚大学的员工,他们在印度尼西亚大学的活动中开展教育、研究和社会服务;

(五)印度尼西亚大学的员工是印度尼西亚政府任命的公务员和印度尼西亚大学任命的雇员。

第二条 原则和目的

(一)印度尼西亚大学的在职成员必须以诚实为基础开展教学

活动；

（二）董事会的规定旨在规定印度尼西亚大学每个成员的行为，以便在印度尼西亚大学内建立良好的秩序和安全的校园环境。

第三条　学术活动的行为准则

在开展学术活动过程中，教师禁止：

（一）将自己置于利益冲突的位置；

（二）欺诈行为；

（三）给予或接受贿赂，并抄袭别人的学术内容。

第四条　印度尼西亚大学教师禁止条例

（一）未经许可，禁止私自访问、处置、销毁他人的信息、材料或者财产；

（二）未经许可，禁止私自访问、处置、隐藏或损坏图书馆和其他技术实施单位的记录、文件或学术资料；

（三）禁止泄露保密事项；

（四）未经许可，不能私自使用教育系统、网站或者教学软件；

（五）禁止做出违反道德规范的行为举止。

第五条　印度尼西亚大学教师遵循准则：

（一）在研究、教育教学和知识应用方面取得最佳成果；

（二）坚持科学客观性，在专业领域开展研究、教育教学和知识应用；

（三）积极参与实现大学使命的美好愿景；

（四）在学术自由中保持一致性和负责任的态度。

第六条　非学术活动中的行为准则

印度尼西亚大学的全体成员禁止：

（一）破坏印度尼西亚大学的公共财产；

（二）滥用或抵押印度尼西亚大学的财产；

（三）滥用技术、信息系统，包括属于印度尼西亚大学的数据和信息。

第七条 印度尼西亚大学的全体成员禁止条例一

（一）非法更改印度尼西亚大学全体人员的官方书面信息；

（二）提供虚假证言。

第八条 印度尼西亚大学的全体成员禁止条例二

（一）售卖和购买酒类；

（二）生产、销售、分发、拥有和使用非法药物或麻醉品；

（三）做或尝试做致使他人受伤的事情；

（四）携带锋利的武器、枪支或其他可能危及校园内其他人的行为；

（五）使用危险有毒物质，违反相应的法规；

（六）制作或散发关于火灾、爆炸、犯罪或其他的错误报告或信息；

（七）凌辱和其他威胁他人的行为；

（八）扰乱印度尼西亚大学的秩序与活动；

（九）基于宗教、种族、性别、性取向、政治倾向和身体残疾歧视他人；

（十）犯下不道德的行为和性骚扰行为。

第九条 制裁规定

（一）违反董事会规定受到制裁惩罚。

（二）第（一）项所述的制裁类型可采取以下形式：

1. 口头或书面警告；

2. 罚款；

3. 承担相应的义务和所有损失；

4. 禁止参加印度尼西亚大学的学术活动；

5. 撤销在印度尼西亚大学的所有职位。

第十条 取消相关的条例

随着该董事会规定的生效，以下内容不再有效：

（一）印度尼西亚大学 1996 年第 1 号文件《关于调整〈印度尼西亚大学校园生活行为守则〉的决定》；

（二）印度尼西亚大学校长第 098/SK/R/UI/1998 号文件《关于执

行〈印度尼西亚大学校园生活行为守则〉的决定》；

（三）印度尼西亚大学董事会2004年第005/SK/MWA-UI/2004号文件《关于〈印度尼西亚大学校园生活的行为守则〉的决议》。

二、印度尼西亚大学学生注册条例

第一条　定义

国民教育制度2003年第20号法律规定：

（一）该大学是作为国有法人实体的印度尼西亚大学；

（二）学生是在印度尼西亚大学注册并参加教育课程的学生；

（三）学术教育主要是指导掌握科学、技术、文化和艺术的教育；

（四）职业教育是指主要针对某些技能的应用准备的教育；

（五）职业教育是一项高等教育课程，是一项学士学位课程，旨在帮助学生为有特殊技能要求的工作做好准备；

（六）在职学生是指已经支付全部学费的学生，学费是在职学生本学期需要承担的义务，通过分期付款、延期付款、赞助或其他获得大学批准的方式支付；

（七）非在职学生是指未履行本学期需要承担的义务，未支付教育费用的学生；

（八）休假的学生是指获得休假批准并允许至少一个学期不参加学术活动的学生；

（九）行政登记是一项行政活动，以便学生在所选择的学习计划中获得一个学期的学生身份；

（十）学术注册是一项行政活动，旨在获得参加该学期选定院系/学习课程学术活动的权利；

（十一）学生证是一张智能卡形式的学生证，由印度尼西亚大学发放；

（十二）学生自动取款机卡是由印度尼西亚大学（UI）与印度尼西亚国家银行（BNI）一起发放给学生的，作为学生身份，可在印度尼西

亚国家银行轻松进行金融交易;

(十三)教育业务费用是学生每学期或每季度支付的费用,用于完成学习过程;

(十四)学生设施福利基金是印度尼西亚大学学生每学期支付的资金,用于支持印度尼西亚大学学生的福利和活动设施;

(十五)基础金是第一学期为普通学士学位课程的新生支付的费用,用于支持教育的实施;

(十六)发展基金是由学生的文凭教育,学士生、硕士生、博士生和专家用于开发物理设施和基础设施支付的资金,特别是用于实习和其他物理设施;

(十七)教育补充基金是新生上半年为支持完成学业而支付的资金;

(十八)学费是国际班和外国公民计划班的学生每学期支付的费用,用于开展教育学习;

(十九)入学费是第一学期由印度尼西亚大学的特殊国际课程新生和外国学生支付的费用,用于支持教育实施的完整性;

(二十)教育费用包括教育业务费用、学生设施和福利基金、基础金、发展基金、补充教育基金、学费和入学费。

第二条 教育计划

印度尼西亚大学的主要任务是在以下环境中开展科学、技术、文化和艺术学科的学术、职业或专业教育:

学术教育水平包括学士学位、教育硕士和博士教育学历;

职业教育由专科和本科教育课程组成;

专业教育水平包括一级专业教育、二级专业教育和三级专业教育。

第三条 注册时间

(一)第一学期的注册时间从8月中旬开始;

(二)第二学期的注册时间从1月中旬开始;

(三)第三学期的注册时间从5月中旬开始;

(四)第一学期的学术注册时间从8月中旬开始;

（五）第二学期的学术注册时间从1月中旬开始到1月底；

（六）第三学期的学术注册时间从5月第4周开始到6月第一周结束；

（七）在某些情况下，第（四）项、第（五）项、第（六）项所述的学术注册时间会根据每个教师课程的时间表进行调整。

第四条　行政注册

（一）如果行政注册期间的最终余额充足，持有自动取款机卡的学生可以通过自动取款机直接向大学支付学费；

（二）为了按照第（一）项的规定付款，学生必须在行政注册期之前按照国家的规定，准备充足的储蓄余额以支付教育费用。

第五条　缴费证明

（一）非自动取款机卡持有人或持有学生证的学生，可通过说明学生姓名和学号在指定的印度尼西亚国家银行以现金方式支付学费；

（二）第（一）项所述的付款可以代办；

（三）付款证明包括：

1. 第一张表为存款人（学生）证明；

2. 第二张表为学院证明；

3. 第三张表为学习部门或项目；

4. 第四张表为大学的证明；

5. 第五张表为印度尼西亚国家银行的证明；

6. 第二张表和第三张表用于进行学术注册。

第六条　缴费渠道

（一）学生证持有人使用"Host to Host"支付教育费用；

（二）通过与印度尼西亚大学合作的银行自动取款机或通过印度尼西亚大学指定的特定银行进行缴费。

第七条　付款说明

第四条和第五条中，学生可以通过转账清算的方式缴费，在印度尼西亚国家银行之间或通过其他银行在规定时间内完成清算，通过明确学生人数、学生姓名和印度尼西亚大学收款账户来支付教育费用。

第八条 学术注册

学术注册按以下程序进行：

（一）学生在线填写学习计划领域；

（二）填写项目 a 的，将由学术顾问批准；

（三）如果学生尚未成为在职学生，则不会被记录为该学科的学生；

（四）有关学术注册的进一步规定将另行通知。

第九条 制裁

（一）未进行行政注册的学生，将获得当前学期不在职的学生学习成绩；

（二）未进行学术注册的学生不能参加本学期的学术活动和研究期间的活动；

（三）本条第（一）项所述不在职的学生不收取教育费用；

（四）连续两个学期未进行行政注册和学术注册的学生，无须经大学通知，将视为自动退学；

（五）未按照协议完成付款的学生，直至期末都未按照协议完成付款的在职学生，将被处以未付金额 25% 的罚款；

（六）第（五）项所述的罚款的支付必须在下一个学期支付。

第十条 例外登记管理注册

如果第九条第（三）项所述的因各种原因未进行行政登记的学生，但又希望自己的学籍是在职学生的，则可以按照以下程序进行行政登记：

（一）获得学院或研究生院的批准；

（二）学生到大学财务处，首先支付 50% 的学费（这是他们当前学期的义务）来获得支付学费的许可；

（三）由学生出示以人工方式支付学费的许可；

（四）学生向大学财务处提交收据复印件进行核实。

第十一条 学费退款

（一）如果学生在正式上课开始前休学或辍学，学校将退还 90% 的学期学费；

（二）课程开始后退学或辍学的学生将不退还学费；

（三）根据大学日历，在毕业截止日期后才通过毕业的学生不能要求退还学费。

第十二条 结束语

（一）本条例尚未规定的其他事项将进一步规范；

（二）随着本条例的通过，印度尼西亚大学校长 405/SK/R/UI/2004 号文件被宣布无效。

第十三条

本条例自规定之日起生效，当本条例出现错误时，将予以相应更正。

三、印度尼西亚大学新生学费规定

第一条 新生教育一般规定

（一）印度尼西亚大学是国有法人实体；

（二）校长是印度尼西亚大学的领导人，对大学的管理负有权力和责任；

（三）新生是通过印度尼西亚大学入学选拔接收的学生；

（四）学费是学生每学期支付的费用，目的用于组织和促进大学教育学习；

（五）教育运营成本是学生每学期支付的费用，用于组织学习过程；

（六）学生设施和福利基金是印度尼西亚大学学生每学期支付的资金，用于支持印度尼西亚大学学生的福利和活动设施；

（七）基础费用是第一学期为普通学士学位课程的新生支付的一项基金，用于支持教育的实施；

（八）发展基金是第一学期由平行班学士、合作学士、延伸学士、专业人员、医学专家、牙科专家、硕士和博士的学生支付的资金，用于教育发展；

（九）学费是国际班和外国公民计划班的学生每学期支付的费用，用于开展教育学习；

（十）教育补充基金是第一学期由普通学士学位新生、平行学士、延伸学士、合作学士、专业人员、医学专家、牙科专家、硕士和博士支付的资金，用于支持教育实施的完整性；

（十一）入学费是国际班和外国公民计划班的学生在第一学期首次注册时支付的学费，用于支持教育实施的完整性；

（十二）预科费用是在接收新生时参加预科所支付的费用；

（十三）学生证是一张基于智能卡的学生身份证，由大学颁发，用于申请参加学术活动，作为学生时使用；

（十四）教育成本代码是以10位数字的形式排列的代码，用作学生必须偿还的学费的主要数据参考。

第二条 教育费用

2009/2010学年新生的教育运营成本、学生设施福利基金、发展基金和教育补充基金、学费、入学费和预科费用如本规定附件中所述。

第三条 付款时间

（一）学费的支付在行政注册期间按照相关学年的学校日历进行；

（二）教育运营成本、学费和学生设施福利基金在相关学年每学期开始时和其他费用一起支付；

（三）发展基金、入学费和教育补充基金在进入大学学习之前的第一个学期一次性支付；

（四）按照学期所需，预科费用在每学期开始进入大学学习之前支付；

（五）预科的实施在单独的规定中进一步规范。

第四条 付款方式

（一）学费的支付通过自动取款机或其他支付渠道，或通过输入学生编号与印度尼西亚大学合作的银行进行现金存款，该机制将由大学单独公布；

（二）延迟付款导致未能存入大学账户是学生的责任；

（三）延迟支付学费，学生必须立即到印度尼西亚大学行政中心财务处完成相关流程。

第五条 制裁

（一）学生必须通过大学建立的机制支付学费；

（二）在大学规定的机制之外支付学费的学生被视为未进行行政注册，并且该学生名字未在本学期注册；

（三）学院、部门、学习项目禁止以任何原因收取学生的学费。

第六条 奖学金

（一）符合要求的学生可以从大学、政府或其他来源获得奖学金；

（二）获得大学奖学金的程序由校长单独规定；

（三）获得大学以外奖学金的程序遵循每个奖学金颁发机构所要求的条件。

第七条 休学

（一）休学的学生必须通过印度尼西亚大学中央管理局的教育局向校长提交一份书面的休学声明；

（二）根据第（一）项的规定，休学的学生支付的学费不得以任何理由退还。

第八条 延迟付款

在大学日历规定的截止时间之后支付学费的学生将收取学费总额50%的额外费用，这是他们在本学期的义务。

四、印度尼西亚大学关于大学生教育运营成本的规定

印度尼西亚大学2009—2010学年普通本科课程学生的教育运营成本决定。

第一条 定义

（一）印度尼西亚大学是国有法人实体；

（二）校长是大学的领导者，负责组织大学；

（三）院长是大学的一名教师领导，被授权并负责组织教师；

（四）学费是学生支付的所有费用，用于组织和促进大学教育学

习，包括教育运营成本、学生设施福利基金、预付定金和教育补充基金；

（五）教育运营成本是学生每学期为进行学习而支付的费用；

（六）学生是常规学士课程的学生，通过2009年新入学选拔流程、2009年学习机会和公平计划、2009年联合入学考试和2009年进入州立大学的国家选拔录取；

（七）教师教育运营成本委员会是由教师组长组成的委员会，负责审查和处理新生数据，并在规定的时间内就教育运营成本的公平实施给予建议。

第二条　教育运营成本

（一）每个负责人每学期要交的用于社会科学和人文科学教育运营费用在10万卢比到500万卢比之间；

（二）每个负责人每学期要交的用于健康和科学技术教育运营费用在10万卢比到750万卢比之间。

第三条　教育运营成本委员会

（一）学院教育运营成本委员会根据院长的命令任命和解雇，并分配给每个学院；

（二）第（一）项所述的学院教育运营成本委员会包括：

1. 院长指派的学院事务部门；
2. 院长指派的教师财务部门；
3. 学院学生执行委员会或学生委员会的学生代表；
4. 可以与大学学生执行委员会协调的教师。

学院教育运营成本委员会的任务是收集、输入、处理学生数据，并向院长提出有关教育运营成本的建议。

第四条　行政条款

（一）学生必须向大学学生事务主任提交所需数据，并将其转发给教育运营成本委员会，作为确定教育成本担保人承担的教育运营成本金额的基础；

（二）第（一）项所述的数据如下：

1. 正规部门（政府或私人机构）工作人员的教育费收入报表总额或工资；非政府部门工作人员或企业本身的损益表；
2. 纳税人身份证号码或最近一年所得税申报表；
3. 最近三个月的用电账本（负责人的居住地）复印件；
4. 最近三个月的电话账本（负责人的居住地）复印件；
5. 最近三个月的用水账本（负责人的居住地）复印件；
6. 居住者或持有者的土地和建筑纳税申报表；
7. 户口册复印件和父母/监护人有效身份证复印件；
8. 学生已填写的数据表格。

第五条　制裁

（一）未按照上述第四条第（二）项的规定提交数据的学生必须按照校长关于印度尼西亚大学新生学费2009—2010学年学费计划的规定支付教育运营成本；

（二）被证明在提交材料时作弊的学生将受到制裁，其形式是将校长关于印度尼西亚大学2009—2010学年本科课程新生教育费用的规定中的教育运营成本增加一倍。

第六条　确定教育运营成本的机制

（一）教育运营成本委员会必须输入和处理已收集的学生数据；

（二）数据处理遵循董事会规定的实施教育运营成本的制度和程序；

（三）教育运营成本委员会根据已处理学生的数据，就教育运营成本的金额收集实际数据；

（四）教育运营成本金额的确定由院长根据学院教育运营成本委员会的建议确定；

（五）院长设定的教育运营成本金额为最终额。

第七条

（一）在特殊情况下，在支付无分期设置的教育运营成本遇到财务困难的担保人，可以向院长提交书面申请，以获得分期付款；

（二）针对第（一）项的特殊情况，必须在申请书上附上证明文件；

（三）第（一）项分期付款的期限按照第一学期规定的付款期限分五期偿还；如果在该学期中支付的学费未得到偿还，则需支付剩余未付学费的 25% 的额外费用；

（四）本大学保障无力承担教育运营成本的学生仍然可以跟随教育过程。

第八条

（一）大学向大众公布公平的教育费用情况；

（二）学院向各自院系内的学生公布教育成本公平的情况。

第九条

（一）由于确定了教育运营成本的规定，院长关于实施教育运营成本的法令必须由成本担保人支付，有效期为三个学期；

（二）确定运营成本必须在第四学期支付。

五、印度尼西亚大学学生成绩管理办法

（印度尼西亚大学第 838A/SK/R/UI/2007 号文件）

第一条　定义

（一）印度尼西亚大学是国有法人实体；

（二）学生是在印度尼西亚大学注册并且接受教育课程的学生；

（三）下一代学术信息系统（以下简称"系统"）是基于网络的应用程序，用于帮助支持印度尼西亚大学的学术活动，并且用户可以连接到网络访问；

（四）学生学习成绩管理是运用系统，以学期成绩、学术历史和学习成绩单的形式，记录学生学习成果的活动；

（五）学期成绩表是评估印度尼西亚大学学生在一学期获得的学分成绩单；

（六）学术历史是印度尼西亚大学学生在学习期间获得的课程学分的文件；

（七）学术成绩单是证明印度尼西亚大学学生通过一定教育水平的成绩单；

（八）教育局是协助学术管理领域的组成部分，并直接由学术事务副校长负责。

第二条　学期成绩

（一）在所有成绩输入系统之后，每个学期结束时公布学期成绩表；

（二）学期成绩表提供有关学生身份（姓名、学号和最终教育）、任课教师、学院、学习部门、专业、教育程度、课程代码、科目名称、学分、成绩等级、学期取得的学分和获得的学分绩点；

（三）学期成绩表只能根据学生的要求以印刷形式公布；

（四）有效学期成绩表由学院或研究生教育管理部门签署。

第三条　评估体系

（一）印度尼西亚大学的评估体系使用字母 A、A-、B+、B、B-、C+、C、C-、D 和 E，每个等级的权重为 4.00、3.70、3.30、3.00、2.70、2.30、2.00、1.70、1.00 和 0；

（二）未完成的课程，如实习、研讨会、论文被评为 BS 等级，并不计入所获学分和学分绩点；

（三）学分转移评为 TK（学分转移），前提是在学术成绩单中只统计转移的学分总数；

（四）学生未完成的课程（如预科的课程）将获得没有学分（零学分）的 DB；

（五）由于合理的原因而无法确定的学生学习成绩，暂时给出等级 I（不完整），前提是等级 I 不计入学分绩点和不迟于一个月等级 I 必须已经变成 I 以外的等级，如果一个月后没有规定，等级 I 将改为等级 E；

（六）在一个学期内，未按照规定参加学术活动的在读学生将被评为 E；

（七）未参加期末考试的学生将被评为 T 并以零分计；

（八）对于重修课程且至少已获等级 C 的学生，课程有两个学分，这两个等级的第二个至少为 C 级，那么在计算学分绩点时会计入该学生的学分和第二个等级；

（九）对于学生在本学期有合理请假的原因，所有正在进行的课程将被删除并记录为请假状态。

第四条 学分绩点

（一）学分绩点是衡量学生该课程的学习成绩；

（二）学分绩点在每个学期结束时计算，包括学期取得的学分和获得的学分绩点；

（三）学分绩点的大小可以通过将课程的学分乘以每门课程的权重值除以所选课程的学分得到；

（四）学分绩点的大小由学生在一个学期内所有课程的学分决定，包括有 BS 和 TK 等级的课程；

（五）学分绩点的大小由获得 C 或者比 C 更好的所有课程决定，包括获得 BS、TK 和 DB 的课程。

第五条 学术历史

（一）学术历史被学生用作学术指导和关于学习项目成功研究的信息来源；

（二）学术历史可由学生、学术导师、学院/研究生课程管理部门根据需要印刷；

（三）可以根据学生的要求发布学术历史以用于特定用途；

（四）上述第（三）项所用的学术历史由该领域的学院/研究生课程副主席批准。

第六条 学术成绩

（一）学习成绩单提供有关学生的身份、以前的教育水平、学习计划、专业、课程代码、等级、所需学分、取得的学分、获得的学分绩点、每学期学习成果、论文或论文题目、毕业证书编号和毕业年份；

（二）学生所有课程都将包含在学习成绩单中；

（三）在特定学期请假或缺课的学生的情况记录在学习成绩单中；

（四）学习成绩单中列出的学分绩点是根据所有获得 C 或优于 C 的课程确定的，包括 BS、TK、T 和 DB；

（五）学术成绩单使用两种语言公布，即印度尼西亚语和英语；

（六）学术成绩单仅作为印度尼西亚大学学生的完整毕业出版一次。

第七条 过渡性条款

（一）对于重修课程获得 C 的学生，在计算学分绩点时统计的是最终的学分和最终分数；

（二）不允许删除已获得 C 或最低为 C 等级的课程；

（三）E、D、TK、BS、T 和 DB 的等级记录在学术成绩单中；

（四）2006 年以前毕业的学生计算学分绩点遵循各学院的规定。

六、印度尼西亚大学有关科研活动的规定

第一条 定义

（一）印度尼西亚大学是国有法人实体；

（二）印度尼西亚大学董事会是一个机构，其职能是代表政府、社会和印度尼西亚大学的利益；

（三）大学学术委员院是由大学学院组成的印度尼西亚大学学术界最高规格的机构；

（四）学院学术委员院是该领域学院的最高学术机关；

（五）大学校长由一名校长组成，由几位副校长协助；

（六）学院领导由院长和最多两名副院长组成；

（七）印度尼西亚大学研究政策是研究开发和实施的一项规定；

（八）研究是努力寻找知识、开拓知识、建设人类福祉；

（九）研究活动是与研究有关的活动，包括设计、方法、过程、评估、报告、记录和公布研究成果；

（十）印度尼西亚大学特色研究是一项研究活动，涵盖基础、应用和发展研究，符合大学发展总体政策在研究领域的优先事项；

（十一）研究质量指标是用于监测和评估研究质量的参数；

（十二）研究伦理学是一种适用于每项研究活动的道德准则，包括研究人员的行为和参与或代表大学的研究活动的各方；

（十三）依据法律，版权是创作者或接收者有权宣布或复制其创作结果或授予其许可而不减少限制的权利；

（十四）知识产权是由大脑思想结果产生的权利，对人类有用的产品或过程，以及经济上享受其结果的权利；

（十五）大学的年度预算是用于组织大学的预算；

（十六）学术自由是在大学环境中以负责任和独立的方式开展学术活动的权利；

（十七）学术活动是包括教育、研究和服务社会的活动；

（十八）大学的学术共同体由大学学术人员和大学生组成；

（十九）学术工作者是大学任命的员工，他们在其活动中开展教育、研究和社会服务活动；

（二十）教育参与者是列入并遵循大学教育计划的人；

（二十一）技术是科学应用于满足人类需求和解决人类福祉的各种问题；

（二十二）教师研究力量是教师或研究员；

（二十三）学生研究力量是在研究主管的监督下进行研究的学生研究人员；

（二十四）客座研究人员是从内部招募或邀请的研究人员或在国外的客座研究人员，在合作或其他利益的框架内在大学进行一段时间的研究；

（二十五）研究支持者是员工或管理人员，包括技术人员，从事研究管理和研究活动；

（二十六）研究顾问是研究人员，他们是各自领域的专家和经验丰富的专家，指导其他研究人员开展符合规范的研究；

（二十七）研究组是一个非结构化的研究小组，由一个或多个学科的研究人员组成，对于感兴趣的领域联合开展研究活动；

（二十八）研究中心是一个结构化的研究组织，负责进行知识的开发/应用，或以专业研究为基本方式给公众和企业提供服务；

（二十九）研究团队是一个结构化的研究小组，旨在设计和开展活动，生产具有科学贡献的产品研究报告，获得专利或受版权保护；

（三十）基于研究的社会服务是社会服务活动的结果，对社会有益；

（三十一）研究专家委员会是由学院领导或大学任命的团队，评估建立研究中心的建议；

（三十二）研究伦理委员会是来自不同科学领域和印度尼西亚大学各机构的专家团队，在研究中进行道德监督，其成员由校长决定；

（三十三）不当行为是指由一个人或一组研究人员出现专业偏差的行为；

（三十四）监督是专家研究人员开展的指导和监督活动；

（三十五）监督员是负责研究活动的研究专家，在其职责范围内进行研究指导和监督。

第二条 研究范围和目标

（一）研究目的是追求所有现象的真相，以发展人类的知识和福祉；

（二）研究重点旨在根据"大学发展方向总政策"开发研究领域。

第三条 研究活动

（一）基础研究是一门与理论发展密切相关的基础科学研究活动，是科学进步的基础；

（二）应用研究是一项研究活动，应用基础知识来生产技术产品的原型，以及解决有益于人们福利的社会文化问题的模型；

（三）技术和社会文化发展研究，即应用研究的持续发展活动，响应社会需求和市场需求。

第四条 产品研究

（一）大学产品研究包括：

1. 与理论和科学发展有关的产品；

2. 与教育活动有关的产品；

3. 与服务和社会服务有关的产品。

（二）第（一）项所述的产品，是按照研究型大学规范的程序生产的。

（三）每个产品研究都旨在最大限度地提高社会的福利和繁荣，并在国际上得到尊重和认可。

第五条 研究伦理

（一）为了监督研究质量，印度尼西亚大学成立研究伦理委员会。

（二）第（一）项所述的印度尼西亚大学研究伦理委员会是一个来自不同科学领域的专家团队，是印度尼西亚大学的机构，他们在研究中进行道德监督，其成员由校长决定。

（三）印度尼西亚大学研究伦理委员会的职责和义务包括：

1. 研究伦理准则的准备；

2. 建议印度尼西亚大学校长对任何违反大学研究道德守则的行为实施制裁，其中可能包括谴责、终止研究活动或其他类型的制裁；

3. 在保密和开放的基础上为需要的各方提供建议和指导。

第六条 研究者的行为标准

（一）了解研究的道德规范并遵守其所有规定；

（二）表现诚信和专业，遵守科学规则，维护大学良好声誉；

（三）优先考虑诚实、公平、不歧视，必要时提供援助；

（四）了解并解释所进行研究的益处和风险；

（五）尊重人作为研究主体的尊严，以获得隐私权、保密权、自主权、解释权以及在进行研究时给予知情同意的询问权；

（六）保证参与研究的各方的安全。

第七条 不良行为

（一）研究人员必须遵守伦理研究规范，避免不良研究行为，包括：

1. 数据伪造或其他与科学界普遍做法相背离的行为；

2. 剽窃，即盗用他人的文章、数据或想法的行为；

3. 不遵守研究人员规范，或不遵守保护一般公众的立法规定。

（二）未能满足与研究相关的法律要求，并将非研究活动命名为研究活动。

（三）根据第（一）项所述的研究人员被视为具有严重的职业违规行为的，可能会受到大学相关适用法规的制裁。

第八条 研究过程

（一）研究必须按照可以考虑的研究方法进行；

（二）研究方法和结果应公开讨论，但根据法律或合同需要保密的除外。

第九条 研究数据

（一）数据获取和使用必须注意道德规范，包括隐私保密和履行自愿原则；

（二）每位研究人员必须遵守大学发布的数据保护和保密指南；

（三）如有必要，研究人员可以保留一部分数据；

（四）研究人员或研究中心不得提出融资以获取已拥有的数据；

（五）研究人员的研究数据属于大学，而不属于研究人员，除非大学另有规定由第三方参与。

第十条 利益冲突

（一）研究人员必须避免因金融参与或赞助机构或经济援助提供者提供的设施而引起的利益冲突；

（二）如果存在利益冲突，研究人员必须尽快向印度尼西亚大学研究伦理委员会报告进一步处理。

第十一条 学术出版

（一）研究人员必须按照各自的科学领域在科学论坛上传播他们的研究成果或者在媒体出版物上发表，某些需要保密的研究除外；

（二）研究人员必须在第（一）项所述的出版物中标明合作信息和研究资金来源；

（三）使用大学经费或以大学为代表进行研究的人员必须报告研究，并提交给大学图书馆和大学指定的机构代表大学管理研究成果；

（四）研究人员必须按照大学颁布的立法和其他指导方针的规定保护知识产权各方的利益；

（五）关于研究所有权和特许权使用费的规定在单独的条款中规定。

第十二条 著作

（一）任何人如提供三种累积的实质作品，即可称为该刊物的作者，即：

1. 概念和设计；

2. 数据分析和解释；

3. 写手稿。

（二）如果在一份出版物中有一位以上的作者，作者必须就作者署名达成书面协议。

（三）以提供研究经费或数据收集形式参与的各方无权被指定为作者。

（四）在感谢声明中可以提及为研究作出贡献但未成为作者的其他方。

第十三条 研究基金

（一）大学提供财政资源以执行和保证国际研究质量的过程，并建立所需的新研究设施；

（二）大学年度活动计划和研究预算必须根据大学预算的总体增长逐步增加，以建成研究型大学；

（三）大学计划并系统地扩展其网络，以从国内外各种来源获得研究资金；

（四）研究基金的接受和使用必须由大学的金融系统负责。

第十四条 研究设施

（一）大学必须提供必要的研究设施；

（二）大学优化内部研究设施的使用；

（三）大学必须逐步提高所有国际质量和研究设施标准，包括科学园区和每个工作单位的实验室，按照优越的研究政策关注优先事项；

（四）大学有义务对来自国内外的机构分阶段对研究设施进行认证和校准，包括但不限于每个工作单位的实验室，以履行其使用、安全性和质量保证的可行性规定；

（五）大学必须定期维护所有研究设施，包括但不限于实验室。

第十五条　研究实施基准

（一）大学必须有大学研究的基准；

（二）第（一）项所提述的计量基准必须由校监清楚说明及订明；

（三）研究基准适用于大学、教师或其他研究中心的所有研究；

（四）研究的衡量标准必须包括研究的质量和数量、出版的程度、获得的研究补助金的数量，以及大学认为必要的其他基准。

第十六条　研究质量保证机关

为了保证研究质量，大学有义务规范和开展涉及执行环境中执行机构的研究协调活动，包括研究和社会服务局、学术质量保证局、合作伙伴和企业孵化局以及学术发展局。

第十七条　研究质量

（一）大学制定了实施计划、监督和监督研究的一般标准，并确定了大学的最高研究标准；

（二）大学评估内部研究的质量标准，并列出可作为标准的研究质量指标；

（三）大学和院系监督从规划、实施到研究成果的研究质量。

第十八条　研究人员

（一）印度尼西亚大学有义务按所需数量和资格聘用研究人员；

（二）大学必须在每个级别和每个教师中都有一个研究人员规划系统；

（三）大学必须在所有院系和其他单位拥有综合的研究信息系统，并具有各自的专业或兴趣领域；

（四）大学必须有一个薪酬体系，包括公平奖励和有吸引力的激励机制，以便大学研究人员进行研究；

（五）大学必须具备职业水平体系，并明确承认选择成为研究人员的学术人员。

第十九条　研究人员情况

（一）大学研究人员由教师研究人员、学生研究人员和客座研究人员组成；

（二）为协助第（一）项所述的研究人员，可根据他们的研究需要委任若干雇员。

第二十条　研究人员角色

（一）教师研究人员发挥的作用：

1. 领导或成为研究单位/团队的成员；
2. 规划和开发研究领域和单位；
3. 提高研究的文化和质量，争取研究设施和资金；
4. 开展活动并传播研究成果。

（二）学生研究人员在研究监督员的监督下开展研究，特别是完成学业。

（三）客座研究人员根据自己的能力，在大学环境中担任嘉宾，具有开展研究活动和其他与研究相关的活动的作用。

（四）研究支持者在协助实施行政和技术领域的研究方面发挥作用。

第二十一条　研究人员的资格

（一）教师研究人员必须至少拥有硕士学位，并具备特定研究领域的能力或专业知识；

（二）学生研究人员必须具有大学各级教育学生身份或与大学有合作关系的其他大学学生的身份；

（三）客座研究人员必须具有博士学位，除非校长评估相关人员具有特定研究领域的能力或专业知识；

（四）研究支持者至少受过大专教育或具有适合工作类型的能力。

第二十二条　研究人员的权力与责任

（一）研究人员开展第二十条所述的研究活动，并向领导层说明其活动；

（二）研究人员根据职责给予薪资，或津贴，或奖励，或酬金，以及根据规定适用的其他服务；

（三）根据双方协议，与大学合作开展研究任务的非大学研究人员有权获得大学保护。

第二十三条 招聘和任命研究人员

（一）根据校长制定的标准进行评估，以公开、独立和专业的方式招聘研究人员和研究支持者；

（二）根据院系和研究中心的提议，由校长决定所有研究人员的任命。

第二十四条 研究人员的发展

（一）大学负责按照适用规则发展所有研究人员；

（二）大学定期进行培训，以提高研究人员的能力和表现；

（三）大学根据研究人员履行职责的表现，准备公开和有竞争力的报酬；

（四）大学为研究人员和研究支持者的职业道路制定特殊规定。

第二十五条 研究职能均等化

研究人员与学术人员职能均等的程序将由校长单独规定。

第二十六条 研究人员的成功衡量标准

研究人员的成功衡量标准由校长决定，其中包括：研究成果的数量和质量；期刊上的科学出版物的数量；国家一级和各级的国际科学会议；获得的专利数量和获得的研究经费金额。

第二十七条 研究人员的过渡规则

（一）第十八条至第二十六条所述的研究权力规定适用于在本规定制定后任命的研究人员；

（二）在本规定制定之前已任命的研究人员，按照第十八条至第二十六条所述的研究人员的规定分阶段进行调整，并在不迟于2010年年底实施；

（三）在过渡期间，校长制定有关研究人员资格的规定、招聘和任命，以及研究人员的发展。

第二十八条　研究中心的地位和状况

（一）研究中心是在大学的科学、技术、文化和艺术领域开展优秀研究的组织，其工作包括基础研究、应用和开发；

（二）可以在大学或学院层面建立研究中心；

（三）在大学一级形成的研究中心得到两个或两个以上院系的学科的支持；

（四）由教师队伍组成的研究中心由两个或多个学科提供支持；

（五）开展机构活动的研究小组将受到单独条款的管制。

第二十九条　研究中心的作用

（一）研究中心的作用是培养教学人员从事研究活动的能力，可以作为提高学生完成学业能力的手段；

（二）研究中心开展公共服务，或与研究型企业合作，这些企业可以产生技术、文化和艺术领域的新发明或创新。

第三十条　建立研究中心

（一）在大学一级和学院一级建立一个研究中心，根据主席确定的程序向研究专家委员会提交提案；

（二）研究专家委员会根据校长规定组成；

（三）第（一）项所述的提案包括愿景和使命、路线图、跨学科/多学科方法、可行性研究、人力资源和设施的可用性、治理与合作网络、成本回收、捐赠、维持基金、年度最低资金和其他对支持研究中心计划可持续性至关重要的人；

（四）研究专家委员会建议该提案并提交给学院学术委员会或大学学术委员会进行讨论；

（五）教师领导班子或大学决定建立经学院学术委员会或大学学术委员会批准的研究中心；

（六）支持大学研究中心的机构或组织不能以个人名义成立；

（七）在颁布本规定之前成立的研究中心将在2008年8月之前分阶段安排。

第三十一条　研究中心资金

（一）大学为大学和学院的研究中心提供优质的研究经费；

（二）在与大学以外的机构或国际机构合作的基础上提供资金，不得以牺牲所形成的研究中心的战略利益为代价；

（三）研究中心活动的每项收入和资金使用必须定期接受审计并向学院领导或大学报告。

第三十二条　研究中心绩效监测与评估

（一）大学和学院级别的研究中心必须制订年度工作计划、预算和年度报告；

（二）大学和学院领导通过质量保证机构和内部审计机构负责监督和评估大学或学院级研究中心的绩效。

第三十三条　关闭研究中心的程序

大学或学院级别的研究中心的关闭由校长单独另行规定。

第三十四条　合作网络研究

（一）大学通过与国内外各方建立研究合作网络，开发和传播研究成果；

（二）用于传播研究成果以改善社会福利的网络系统，可以通过研究和发展社会服务信息系统及校长的管理来建立。

第三十五条　研究合作

（一）与国内外其他机构的研究合作活动是为了努力培养研究文化；

（二）所有研究合作活动必须由研究中心负责人和研究人员向教师或大学报告。

第三十六条　版权和专利

大学学术研究的所有成果必须符合印度尼西亚共和国 2002 年关于版权的第 19 号规则，以及印度尼西亚共和国关于专利的 2001 年第 14 号、2000 年第 152 号法律和其他适用法律法规。

第三十七条　知识产权和特许权使用费

（一）大学是知识产权的所有者，包括专利、版权和其他形式的知识产权；

（二）知识产权的所有权可以是全部或部分；

（三）知识产权和特许权使用费的运营技术和管理由校长提到的另外适用的法律规定。

第三十八条　对大学的承诺

（一）校长制定研究政策的实施指导和技术政策，并始终如一地实施；

（二）大学在实施良好的研究管理方面的承诺包括：规划、实施、监测和监督，以及系统的研究传播。这些研究实际上涉及以下方面：

1. 足够的研究经费；

2. 足够的研究设施/设备；

3. 有能力的研究实施者；

4. 出版方式；

5. 充足的数据库和信息系统；

6. 明确研究基准。

第三十九条　结束语

（一）本规定的所有实施条款和技术规定必须由校长在印度尼西亚大学董事会确定后的六个月内制定和规定。

（二）随着本规定的制定，2005年关于印度尼西亚大学董事会研究政策的第003号法令，关于研究人力资源政策的第005号法令，2005年关于学术界的研究伦理，以及关于印度尼西亚大学研究中心政策的第002号法规，印度尼西亚大学董事会2006年关于研究中心政策的第002号文件无效。

（三）印度尼西亚大学董事会的决定自规定之日起生效，如果将来有错误，将予以相应更正。

（文献来源：https://www.ui.ac.id/）

十二、老挝国立大学管理制度

一、老挝国立大学学生守则

第一条 总则

国立大学学生守则(以下简称"学生守则")旨在教育国立大学学生遵守守则,并为公众树立良好榜样,即:

(一)作为国立大学学生的管理条例,注重、鼓励和支持培养各类高素质人才,使其用知识和能力为国家的社会经济发展作出贡献。

(二)扩展并解释一些须完全、清楚和正确理解的必要内容,确保统一、有效地实施本守则。

第二条 成为国立大学学生的条件

(一)具有高中文凭,或与国立大学本科或大专学位相同学科领域的大专或中专毕业文凭。

(二)体格健康,无传染性疾病,品行端正,在校期间或在进入学校之前在当地单位工作期间无不良记录。

第三条 国立大学学生的职责

(一)在规定时间内完成课程学习并修满学分方可取得国立大学毕业证书。

(二)加强自身锻炼,提高革命品质,将所学的知识技能运用到实际工作中去。

（三）认真执行国立大学各级部门下发的决议、规章制度、通知和公告等。

（四）积极主动参与国立大学各级部门组织的与自身相关的各类活动，所有学生都有义务献血以帮助社会。

第四条　国立大学学生的行为

（一）谦卑有礼，尊师敬道。

（二）爱护公共物品，保护环境，保持教室和公共场所的清洁。

（三）做个好公民，遵纪守法，保护国家的优良习俗，弘扬国家的艺术文化，维护和加强民族团结和国际团结。

第五条　国立大学学生的穿着

在上课期间或去行政部门及其他正式场合办事期间，学生须穿校服。

（一）女学生：

1. 黑色或藏蓝色筒裙，筒裙裙摆花纹高度为13~14厘米，离脚踝高度约为20厘米（从脚后跟底部至筒裙裙尾的距离）。至于筒裙裙摆的颜色和花纹，则根据国立大学的规定来选取。

2. 短袖或长袖衬衫，衬衫左袖距离肩膀缝口3~4厘米处粘贴有学院徽标，并佩戴学院领带（扣好领口扣子后，领带底部距离皮带5~6厘米）。

3. 黑色皮带，皮带扣为国立大学图章，皮带宽度不超过3厘米。

4. 黑色鞋子，鞋跟不超过4厘米。

5. 把头发全部盘起，或绑发或编发。

6. 上衣须扎进筒裙里。

7. 若要佩戴耳饰，须是小耳环（不佩戴耳坠超过1厘米的耳饰以及过于夸张的环形耳饰）。

（二）男学生：

1. 普通布料裁剪的黑色或藏蓝色长裤，裤脚宽21~24厘米。

2. 短袖或长袖衬衫，衬衫左袖距离肩膀缝口3~4厘米处粘贴有学院徽标，并佩戴学院领带（扣好领口扣子，系好领带和皮带）。

3. 黑色皮鞋，鞋跟不超过 4 厘米。

4. 黑色皮带，皮带扣为国立大学图章，皮带宽度不超过 3 厘米。

5. 干净清爽的发型，不蓄长发。

6. 上衣须扎进裤子，着长袖衬衫时须扣好袖子的扣子，上课期间不许将长袖折起来。

7. 不许佩戴耳饰。

第六条 国立大学学生课堂行为规范

学生须表现良好，遵守课堂礼仪：

（一）比教师提前 5 分钟到教室，以便检查人数。当教师进入教室时，所有学生须起立向教师敬礼，班委须向教师报告缺课学生人数。

（二）在进出教室之前，想提问或回答教师，学生须举手征得教师的同意。

（三）认真学习，有不明白的地方可向学得好的同学或相关学科的教师请教。

第七条 国立大学学生 28 条禁令

1. 在未经批准的情况下在校内组织聚众。

2. 携带武器、易燃易爆物品及其他有毒危险品进入国立大学。

3. 在校内勾结或窝藏警方通缉的逃犯、卖淫人员、凶残歹徒等。

4. 在校内或其他地方制造暴乱。

5. 假冒签名或毁坏官方文件。

6. 吸毒或持有毒品。

7. 买卖、生产毒品。

8. 在校内外利用互联网传播色情信息。

9. 在校内或其他地方发生有违国家传统习俗的性行为。

10. 打架斗殴致使他人受伤，故意或无意杀人。

11. 毁坏公私财物。

12. 连续 30 天无故旷课并且无相关证明材料，或在学习、测验和考试过程中有作弊行为。

13. 在校内赌博或参与其他赌博案件。

14. 偷盗公共物品或他人物品并据为己有。

15. 在校内醉酒闹事引发骚乱。

16. 穿着校服在娱乐场所或其他不适当的地方进行个人活动。

17. 以不恰当的方式使用学生证。

18. 侵入办公场所或搜索行政公文。

19. 男学生戴耳钉，蓄长发，染发或戴手镯。

20. 女学生染发或戴手镯。

21. 男女学生打扮另类。

22. 污染校园或其他公共场所的环境。

23. 在上课或行政工作期间使用通信设备干扰他人。

24. 在上课、开会、进图书馆期间或其他禁区吸烟、进食、吃东西等。

25. 对教职工或他人出言不逊。

26. 缺席集体劳动或不参与跟自身相关的集体活动。

27. 在行政上班时间着装不符合规定进入办公场所。

28. 课堂着装有违国立大学学生着装规定。

第八条 管理学生行为的措施

学生在国立大学学习期间的操行分总分为300分。如果学生有违纪违规行为，在对其进行警告和教育后，根据以下表格视其情节的轻重来扣相应的操行分。

（一）违规违纪扣分标准。

序号	违规违纪行为	应扣分值	备注
1	在未经批准的情况下在校内组织聚众	300	
2	携带武器、易燃易爆物品及其他有毒危险品进入国立大学	300	
3	在校内勾结或窝藏警方通缉的逃犯、卖淫人员、凶残歹徒等	300	
4	在校内或其他地方制造暴乱	250~300	
5	假冒签名或毁坏官方文件	250~300	

续表

序号	违规违纪行为	应扣分值	备注
6	吸毒或持有毒品	250~300	
7	买卖、生产毒品	300	
8	在校内外利用互联网传播色情信息	200~300	
9	在校内或其他地方发生有违国家传统习俗的性行为	200~300	
10	打架斗殴致使他人受伤,故意或无意杀人	275~300	
11	毁坏公私财物	150~300	包括使用
12	连续30天无故旷课并且无相关证明材料,或在学习、测验和考试过程中有作弊行为	250~300	
13	在校内赌博或参与其他赌博案件	150~275	
14	偷盗公共物品或他人物品并据为己有	150~275	包括使用
15	在校内醉酒闹事引发骚乱	100~275	
16	穿着校服在娱乐场所或其他不适当的地方进行个人活动	50~100	受到警告处分后
17	以不恰当的方式使用学生证	50~100	受到警告处分后
18	侵入办公场所或搜索行政公文	100~150	受到警告处分后
19	男学生戴耳钉,蓄长发,染发或戴手镯	50~100	受到警告处分后
20	女学生染发或戴手镯	20~50	受到警告处分后
21	男女学生打扮另类	100~200	受到警告处分后
22	污染校园或其他公共场所的环境	20~100	受到警告处分后
23	在上课或行政工作期间使用通信设备干扰他人	20~50	受到警告处分后

续表

序号	违规违纪行为	应扣分值	备注
24	在上课、开会、进图书馆期间或其他禁区吸烟、进食、吃东西等	20~50	受到警告处分后
25	对教职工或他人出言不逊	50~100	受到警告处分后
26	缺席集体劳动或不参与跟自身相关的集体活动	10~50	受到警告处分后
27	在行政上班时间着装不符合规定进入办公场所	10~50	受到警告处分后
28	课堂着装有违国立大学学生着装规定	20~50	受到警告处分后

(二) 上述第（一）项中未提及的其他违规违纪行为依据相关法律法规酌情扣分。

(三) 违纪措施以及扣分标准。

序号	违纪措施	应扣分值
1	被班主任、辅导员或教导主任予以警告	50~100
2	被系主任予以警告并通知家长	101~150
3	写检讨书存档教务科并通知家长	151~200
4	被院长、校长予以警告并让家长写担保书	201~250
5	取消整个学期或整个学年的成绩	251~299
6	被国立大学开除，暂停和取消毕业资格（针对即将获得毕业证书的大四学生）	300

(四) 学生操行分扣分办法及流程：

1. 二级学院的所有教职工都有权对其学院学生的行为进行教育、警告和管理。

2. 教职工有责任将学生的违纪行为上报给教务处，相关部门协同保卫小组调查取证并做好原始记录，上报给教务处，以便在适当的时间举行的表彰和纪律处分委员会会议上进行审议。

3. 若扣分低于 300 分，则由其相关部门负责人（院长）签字；若扣分达 300 分，须上报教务处，再由教务处报校长审批。

4. 在学年结束时，相关学院的学生管理部门须统计每个学生的操行分，并汇总到学生的年度成绩单，最后通知到学生个人。

第九条 学生的请假制度

上课期间，学生如果要请假须填写请假条，若请病假须提供医院病历等证明材料，若家庭经济困难须提供家长或当地政府的证明。请假审批制度如下：

（一）请假 1~2 日由班主任或年级主任审批；

（二）请假 3~7 日由系主任审批；

（三）请假 8~30 日由院长审批；

（四）请假 30 日以上由校长审批。

第十条 学生身份的终止

（一）死亡；

（二）患有严重的传染性疾病，发疯、痴呆或精神失常；

（三）获得退学许可；

（四）转学到其他国内外院校；

（五）被开除学籍；

（六）毕业并已获得毕业证书；

（七）未按照教学安排完成课程内容的学习。

第十一条 学生的表彰制度

学习成绩优异，有突出贡献以及认真贯彻执行学校下发的各类规章制度的学习标兵，经核实可给予适当奖励，具体如下：

（一）获得二级学院、校长和政府部门颁发的证书；

（二）获得物质奖励或其他适当的政策扶持；

（三）毕业时获得荣誉证书；

（四）名字载入国立大学史册；

（五）在二级学院和学校的宣传栏海报墙上添加名字和照片。

第十二条 学生纪律处分

学生有违规违纪行为或违反了国家优良传统习俗的，视情节轻重进行处分，具体如下：

（一）警告；

（二）写检讨书并当众宣读，扣操行分；

（三）酌情取消一学期或一学年的成绩；

（四）停考或取消考试成绩，取消毕业资格；

（五）开除学籍；

（六）开除学籍并提起诉讼。

第十三条 院级表彰和纪律处分委员会

对学生进行表彰或处分须经过国立大学表彰和纪律处分委员会审批，院级表彰和纪律处分委员会有责任核实其学生的表彰或违纪行为。委员会成员如下：

（一）院长为主席；

（二）副院长为副主席；

（三）三大群众组织的代表或学生会代表；

（四）系主任和教务处主任为秘书。

第十四条 校级表彰和纪律处分委员会

对院级表彰和纪律处分委员会的决定进行审批。委员会成员如下：

（一）校长为主席；

（二）副校长为副主席；

（三）院长和副院长为委员；

（四）相关部门领导为委员；

（五）校级安保处为委员；

（六）校级三大群众组织代表为委员；

（七）校级教务处为秘书；

（八）学生发展和纪律管理处处长为秘书助理。

第十五条 学生表彰和处分的审批

（一）院级以下的表彰由院长签字审批通过并上报给校长，校级表彰则由校长审批。

（二）对违纪学生予以警告、罚写检讨书、通知其家长、扣操行分300分以下等处分，在得到院级表彰和纪律处分委员会的同意后由院长签字审批并上报给校长和教务处。

（三）扣操行分300分以上的处分，在得到校级表彰和纪律处分委员会的同意后由校长签字审批。

（四）如果学生涉及刑事案件或被拘留但尚未定罪，该学生将被取消学习资格或被停学，直至法院判决该学生无罪才能继续接受教育，如若判决有罪，则根据国立大学章程相关规定处理。

第十六条　监督和管理

（一）各个学院的学生管理部门必须与该学院各专业部门和学院的三个组织机构相互协调配合，定期进行严格的监督管理工作。

（二）班主任必须协助各专业部门，与自己所负责的办公小组相互协调配合完成工作，各专业部门作为院长的助理，配合协助其日常工作。

（三）当出现问题时，班主任必须立刻按照纪律处分程序实行管理。

第十七条　贯彻实施

本学生守则适用于整个国立大学，除本守则未涵盖的特殊情况外，所有与本守则不一致的先前条例均应予以废除。院长及其相关办公室主任在不违反本守则的条件下有权提出或增加其他规定。

第十八条　生效

本守则自签字之日起生效。

二、老挝国立大学关于学生奖助学金及福利的决议

根据总理于2009年3月16日签署的第71号关于国立大学的组织和运作的总理令；

根据2016年5月14日—16日签署的教育与体育部第1973号文件，关于老挝教育与体育部部长任命老挝国立大学校长的决定；

根据2018年5月14日—16日举行的老挝国立大学学生管理会议的一致决定；

老挝国立大学校长因此作出以下决定：

第一条 目的

国立大学学生奖助学金的设立目的如下：

（一）帮助不幸失去生命的学生；

（二）帮助患病学生；

（三）帮助遇难学生；

（四）帮助献血的学生；

（五）帮助极端贫困的学生。

第二条 关于学生奖助学金的管理

国立大学学生奖助学金由学校董事会直接监管，学校董事会根据学校设立学生奖助学金的目的来筹集、使用和管理奖助学金。

第三条 学生奖助学金的收入

学生奖助学金部分由每位国立大学学生每年缴15000吉普组成，此外还有部分收入来源于其他部门。学生在整个国立大学就读期间有权获得学校奖助学金的资助，至于退学的学生无须退还奖助学金且无权再继续获得上述奖助学金。

第四条 将学生奖助学金下发到各级的方法

（一）学院可分到本学院全部收入的75%；

（二）余下总收入的25%上缴学校财务处，以备学院及该院学生奖助学金在资金不足时使用。

第五条 各项津贴率

（一）给予不幸失去生命的学生每人3000000吉普；

（二）给予患病学生每人每年不超过两次资助，且资助情况如下：

大型手术每人每次1000000吉普；

中型手术每人每次500000吉普；

小型手术每人每次 300000 吉普；

遭遇意外伤害的学生每人每次 200000 到 500000 吉普（视情况而定）；

献血学生每人每次 50000 吉普。

（三）极度贫困学生及其他与资助学生相关的奖助学金的支出不能超过各级支出的 7%。

（四）各部门必须将年度收入和支出通过学生管理办公室汇报给学校董事会知晓，同时还需要将经济情况公开给学生部门知晓，收入和支出的汇总工作要于每年的 9 月底按照学校财务处的原则来严格展开。

第六条 学生奖助学金的管理

学校奖助学基金机构由两级相互连接的网络组成，即：校级奖助学金管理委员会和由校级学生管理办公室协助管理的学院级奖助学金管理委员会。

第七条 校级奖助学金管理委员会成员组成

（一）负责管理学生的副校长担任主席；

（二）学生管理办公室主任担任副主席；

（三）计划与投资办公室一名副主任担任主任；

（四）行政与教育处处长担任秘书。

第八条 学院级奖助学金管理委员会成员组成

（一）负责管理学生的副校长担任主席；

（二）学生管理办公室主任担任副主席；

（三）一名学院二级财政领导担任主任；

（四）学生管理处一名干事担任秘书。

第九条 各级奖助学金管理委员会的职责

（一）按照奖助学金设立目的管理资金使之符合财政规章制度；

（二）发动、筹集资金；

（三）总结和向上级报告资金的年度收入和支出，并让本部门知晓。

第十条 各级奖助学金财务检查工作办法

（一）校级授权学校计划与财务办公室和学生管理办公室作为执行方；

（二）学院级授权二级财务办公室和学生管理办公室作为执行方。

第十一条 同意并批准学生奖助学金的发放

仅奖助学金管理会主席或各级被授权的委托人在符合学校财务管理原则的基础上有权决定奖助学金的发放。

第十二条 检查

（一）奖助学金管理委员会必须注意的是，在给学生提供奖助学金方面的资料时要和本学院各专业部门做好协调配合工作，同时需要注意的是：

1. 当学生生病时必须严格按照规章制度的规定，及时、全面且恰当地启动奖助学金；

2. 必须根据所制定的目标下发奖助学金；

3. 必须向学生、学院领导组织总结报告奖助学金的流向和支出情况来作为学院学习成绩成果总结的一部分。

（二）学院级奖助学金管理委员会必须对组织执行工作进行评估，总结出优缺点。

（三）学校董事会吸取经验教训，确认并考虑下一步指导工作的进行。

（四）学校奖助学金管理委员会必须跟踪检查奖助学金是否正常下发给学生，如有任何不妥之处必须及时解决。

第十三条 先前有悖于本决议的所有规定均被取消。

第十四条 本决议自签字之日起生效。

三、老挝国立大学给予学生教育慈善基金的规定

第一条 目的

（一）帮助孤儿和来自偏远贫困地区的国立大学学生有机会继续在国立大学学习直至顺利毕业；

（二）鼓励尖子生继续发扬、保持个人优势；

（三）为偏远地区培养优秀人才。

第二条 成立教育慈善基金委员会的意义

教育慈善基金委员会将公司、国际组织和个人给予的无偿援助资金作为奖助学金提供给国立大学学生。

第三条 获得教育慈善基金的条件

获得教育慈善基金的学生必须符合以下条件：

（一）未获得其他教育资助资金的国立大学学生；

（二）学习成绩优异或家庭困难，孤儿或父母残疾，父母没有能力供孩子上学的；

（三）品德良好，未受过纪律处分或从未违法的学生。

第四条 关于教育慈善基金的申请

国立大学学生在申请教育慈善基金时必须提供以下材料：

（一）申请各项教育慈善基金的学生需提供的材料有：

1. 教育慈善基金申请表；

2. 上学年成绩单；

3. 户口本复印件。

（二）申请兰萨基金（澳大利亚援助老挝国立大学项目）和亚洲教育慈善基金的学生必须严格按照上述要求提供材料。

第五条 关于获得教育慈善基金学生的评选

（一）兰萨基金和亚洲教育慈善基金由相关部门机构与负责学生管理办公室的教师协调配合作为面试官和评委；

（二）其他教育慈善基金的评选由学院担任评委，然后将符合条件的教育慈善基金候选人名单提交至学生管理办公室整理，以便教育基金会审议和批准；

（三）在获得教育基金委员会的一致同意后，由学生管理办公室起草文件和申请书，请求获得校长的批准。

第六条 关于教育慈善基金的授予

授予学生教育慈善基金要在获得校长批准并公示名单后才正式举行教育慈善基金授予仪式。

第七条 获得教育慈善基金学生的职责

（一）必须认真学习，努力提高学习成绩，学习成绩不能低于200分；

（二）必须严格遵守各项校纪校规，最主要的是遵守宿舍、教室和图书馆的纪律；

（三）必须参加学校组织的与自己相关的活动；

（四）必须将教育慈善基金在提高学习方面发挥最大利益，不能将之用于无关学习的地方，随意挥霍浪费；

（五）必须做一学年度的成绩和活动总结并向教育慈善基金委员会报告；

（六）在即将出国留学和实习之前必须先向教育慈善基金委员会报告，让其知晓；

（七）在进入新学期的两周之后可以向学生管理办公室报告，并编入档案记录；

（八）获得教育慈善基金的学生之间要相互促进、监督和帮助，同时要在全体同学面前做好表率作用，争当模范。

第八条 获得教育慈善基金的学生的权利

（一）有出国留学和实习的权利［根据第七条第（六）项］；

（二）有权按照教育慈善基金委员会的章程和校长关于国立大学教育慈善基金的决议获取教育慈善基金。

第九条 关于取消教育慈善基金资格的规定

获得教育慈善基金的学生如有以下违纪行为，将被取消教育慈善基金资格：

（一）学习成绩低于200分；

（二）违反学校规章制度，操行分被扣至250分，有违反国家法律的行为或无故不参加学校举办的各项活动和无故缺席教育慈善基金委员会相关活动达三次；

（三）赴国外留学或实习超过六个月未上报教育慈善基金委员会说明情况；

（四）无故不领取教育慈善基金达六个月；

（五）未能按照第七条第（七）项规定按时向教育慈善基金委员会报告。

第十条 教育慈善基金委员会的任命和管理

由各学院学生管理办公室主任选拔和任命教育慈善基金管理小组组长和副组长，调查、收集学生的情况并向上级汇报。

第十一条 监督和检查

（一）教育慈善基金委员会和管理小组必须相互协调、统一配合、制订计划、履行职责；

（二）必须根据资助方规定的要求调查跟踪学生获得教育慈善基金的历史；

（三）必须与各学院专家相互协调配合监督检查学生的学习成绩，观察成绩波动情况；

（四）必须鼓励成绩偏差的学生积极进取，努力学习，争取继续获得教育慈善基金；

（五）如出现学生违纪辍学、出国留学深造、去世或其他情况，学院教育慈善基金管理小组必须立即向教育慈善基金委员会报告详细情况；

（六）对于违纪学生必须严格并及时按照规定处理。

第十二条 关于取消兰萨基金资格的规定

除第九条兰萨基金规定的要求之外，以下情况也将被取消资格：

（一）不请假或无充分理由，无故缺席英语课且一个月缺课6个课时的学生；

（二）无故缺课超过总课程20%的学生。

第十三条 教育慈善基金委员会成员

（一）国立大学校长担任主席；

（二）主管学生管理指导工作的副校长担任副主席；

（三）学校学生管理办公室主任担任理事；
（四）学校专家办公室主任担任理事；
（五）学校财务办公室一名副主任担任理事；
（六）学校研究生办公室一名副主任担任理事；
（七）学校工会主席担任理事；
（八）学校青年团组织书记担任理事；
（九）学校妇女联合会主任担任理事；
（十）学校国际交流处专家担任理事；
（十一）学校学生管理办公室一名副主任担任秘书；
（十二）学校办公室和教育慈善基金管理处副主任担任秘书助理。

（文献来源：老挝国立大学教务处）

十三、柬埔寨理工大学内部管理条例

第一章 总 则

第一条 学生的接收

柬埔寨理工学院（简称 ITC）接收满足选拔条件的柬埔寨籍或外国留学生，不论其性别、种族、宗教、政治。

第二条 学院本部

ITC 本部位于首都金边俄罗斯大道 81 号信箱。

第二章 学院管理

第三条 学院机构

ITC 管理部门位于 ITC 董事会之下，且由一名校长领导，由以下人员协助：

（一）副校长一名或多名；
（二）教务处长一名；
（三）行政办公室主任一名；
（四）科研处长一名；

第四条 学院的运行

ITC 的组织机构运行由董事会规定。

第三章 学生生活

第五条 学生会

学生会代表 ITC 的所有学生。

第六条 学生会职责

（一）集中和巩固 ITC 校内外学生之间的往来与联系；

（二）参与各类巩固 ITC 声望的活动；

（三）推动建设各文体社团俱乐部的活动（乐团、剧团、体育部等）；

（四）通过宣传，扩大学生之间的联系；

（五）协调实践和求职的场所；

（六）通过各种会议和经验交流项目建立各个大学学生会之间的联系；

（七）协调 ITC 外国留学生的生活；

（八）严以律己，保持活力；

（九）所有的学生会活动都应在课外时间进行。

第七条 组成与投票

学生会的组成由学生会出台的内部条例规定，每学年年初举行一次投票。

第八条 支持

ITC 管理部门在能力范围内协调学生会的各项活动。

第九条 学生参与学业与大学生活委员会

由系部选出两名学生，以参加学业与大学生活委员会，旨在保护学生利益和寻求解决所面临问题的方式和方法。

第四章 纪律

第十条 着装

在学习时学生应衣着得体，学生在学校范围内应佩戴校牌。

第十一条 行为举止

全体学生行为举止应得体，遵守纪律。在课堂或考试过程中，学生应不影响课堂学习，如禁止大声喧哗、禁止使用无线电广播或移动电话等。在图书馆或实验室中，应遵守各项规定。

第十二条 爱护教室和设备

ITC内各教室及设备用于学生学习，学生有责任和义务爱护ITC各教室和设备器材，以保证教学活动的正常进行。任何偷窃和故意破坏行为都将受到纪律委员会的严厉惩罚。

第十三条 暴力行为

ITC校园范围内禁止任何语言暴力和行为暴力，违者将受到严惩。同时，禁止携带任何武器进入校园。

第十四条 守时

学生应按时参加教学安排表内的各项学习、实践、练习和能力培训项目。教师有权不让迟到的学生进入教室。学生迟到五分钟以上，需在上课前向教务管理部门提交申请。无故迟到十分钟以上的学生算作一次缺勤。迟到五次以上的学生由教务管理部门传唤。

第十五条 出勤

为保障教学质量，ITC教务管理部门出台以下措施：

（一）学生应按时参加教学安排表内的各项学习、实践、练习和能力培训项目；

（二）需持教务管理部门或医院出具的假条请假；

（三）无故旷课由教务管理部门处以警告处分；

（四）无故旷课五次及以上者，由教务管理部门处以严重警告处分；

（五）受到严重警告三次及以上者，由教务管理部门传唤；

（六）传唤三次及以上者，由纪律委员会开除或留级处分；

（七）无故旷课连续三星期及以上者，可不经由纪律委员会直接开除学籍；

（八）累计无故旷课达五十次及以上者，经由纪律委员会开除或留级处分；

（九）由于疾病并由医院出具证明请假六十日及以上者，予以留级；

（十）无故不参加课程考核或期末考试者，该次课程考核或期末考试成绩记零分；

（十一）经同意或有正当理由不能参加任何一门课程期末考试者，如第四十九条所述，可参加补考；

（十二）经同意或有正当理由不能参加课程考试者，经课程责任教师或系部主任同意后可以在期末参加补考；

（十三）考勤的执行和管理需由系部向教务管理部门报备，以按规定执行处罚，在教学过程中的考勤情况由课程教师记录；

（十四）请假在经系部主任同意后，需至少提前二十四小时向教务管理部门提交申请。

第十六条 作弊行为

考核的目的在于检查学生对知识的掌握情况，并且这一目的应当面向全体学生。对学生知识掌握情况的评价是对 ITC 学历证书价值的唯一保障，也是 ITC 教学质量认可的坚实基础。所以，在考试过程中，学生应当严格遵守以下考试须知：

（一）严禁携带与考试相关的资料进入考场，考试座位之间应当有一定距离；

（二）考试开始后，学生之间交头接耳和翻阅相关资料的行为将视为作弊；

（三）考试期间，不得向监考人员询问与试卷内容有关的问题，学生交卷后可离开考场；

（四）经监考人员报备后，任何在考试期间被认定为作弊的行为，由纪律委员会通过后，该门课程成绩记零分；

（五）任何干扰和心存怨恨都会加重纪律委员会的处罚。

第十七条　纪律委员会

纪律委员会由校长召集，以对各种严重违反纪律的行为进行核定。纪律委员会由以下人员组成：

（一）ITC 校长为主席；

（二）全体副校长；

（三）教务处主任；

（四）行政办公室主任；

（五）科研处主任；

（六）各系部主任；

（七）入选进入学业与大学生活委员会的相关系部教师一名；

（八）入选进入学业与大学生活委员会的相关系部学生代表两名。

本着少数服从多数的原则，如若双方投票数量相同，则优先考虑委员会主席的意见。

第十八条　处罚

处罚等级如下：

（一）警告；

（二）严重警告；

（三）记过；

（四）休学；

（五）永久开除。

上述处罚等级中的第（一）项、第（二）项可由教务管理部门决断；后三个等级，即记过、休学和永久开除只能由纪律委员会决断。相关学生可以就已下达的处罚向纪律委员会申诉，且纪律委员会重新下达的处罚将永久生效。

第五章　选拔学生入学

第十九条　高级技工学生的选拔

报名高级技工班的学生须具有高中或同等学力。选拔条件由教务管理部门制定。

第二十条　工程师班学生选拔

工程师班一年级（低年级班）一部分为国内持有高中文凭的学生而设，另一部分是为持评审委员会承认的同等学力的其他国家的学生，特别是东南亚和亚太地区的学生而设。

工程师班一年级入学考试共有三门，所占系数如下：

（一）数学：系数3；

（二）物理/化学：系数3；

（三）逻辑：系数2。

完成理工类本科一年级后，5%的优秀学生可向系部提交申请，由评审委员会决定进入工程师班二年级的学习。

在获得理工类本科学历后，该届15%的优秀学生可向系部提交申请，由评审委员会决定进入工程师班三年级的学习。

第二十一条　录取

理工类本科一年级、工程师班一年级和硕士研究生的选拔由ITC组织。选拔和考试应在开学前进行。

选拔过程：

（一）发布理工本科一年级、工程师班一年级和硕士研究生一年级的入学选拔考核日期；

（二）组织对所有考卷进行二次匿名改卷；

（三）按分数排名决定入学资格。

第二十二条　工程师班三年级的入学选拔

对于拥有理工类本科学历、学士学位、工程师学历或其他通过认证的同等学力并且具有良好法语语言基础的学生，准许通过特别考试入学工程师班三年级。

第二十三条　工程师班三年级特别入学考试的组织

特别入学考试由 ITC 组织，涉及科技知识领域，以法语分笔试和口试考核和评估候选学生的科技知识。所有考核按评审委员会规定的系数计算。

第二十四条　硕士研究生的选拔

硕士研究生的入学报名要求学生必须具有学士学位、工程师学历文凭或被承认的同等学力，并且具备良好的法语和/或英语水平。选拔条件由董事会决定。

第二十五条　入学名额

理工类本科班、工程师班包括工程师班三年级的特别入学考试以及硕士研究生的入学名额，应由董事会每年确定。

第二十六条　奖学金金额、奖学金评选条件和学费

免费入学奖学金和学费的金额由董事会每年确定。如若学生留级则免费入学奖学金将被暂停。只有奖学金委员会是奖学金的最终决策者。奖学金的评选条件应公平。

第二十七条　结果公示

选拔结果应由评审委员会公布。根据分数排名得出的最终候选人和保留候选人名单需向公众公布。

第二十八条　注册入学

所有学生，包括一至五年级的学生，必须在学校新学年开学前提交入学并缴清学费。如若未能按能 ITC 规定缴清年度学费的学生被视为已永久退学，ITC 有权将其从 ITC 学生名单中删除。

第二十九条　休学

不允许因参加除 ITC 协议项目、与 ITC 友校和相关机构以外的培训项目而休学。脱离 ITC 参加其他培训课程的学生将被永久除名。

因疾病原因申请休学并持有有效医疗证明的学生可返校继续学习，如果学生在申请休学前已缴清学费，则无须重新缴纳学费。

获得免费奖学金的学生如果因疾病持有效医疗证明申请休学可以返回继续学习，且无须缴纳学费。一个学习层次阶段内，只能休学一年。

第三十条　转学

只有在学生修习完 ITC 专业内至少 70% 科目时，才能转学至 ITC。接受学生转学的决定由 ITC 校长组织领导下的 ITC 教育质量保证委员会

负责。转学只能在每学年年初进行。

第六章　教学的组织管理

第三十一条　教学语言

高技技工教学应使用高棉语、法语或英语。工程师班教学应使用法语。英语也被教授和应用于各类咨询文件、会议以及个人简介等当中。硕士研究生层次的培养应使用法语和/或英语。

第三十二条　时间和课时时长

教学活动（课内学习、实践、操作）应于 7:00 至 11:05、13:00 至 17:05 之间分以下八个时段进行：

（一）第 1 节：7:00 至 7:55；

（二）第 2 节：8:00 至 8:55；

（三）第 3 节：9:10 至 10:05；

（四）第 4 节：10:15 至 11:05；

（五）第 5 节：13:00 至 13:55；

（六）第 6 节：14:00 至 14:55；

（七）第 7 节：15:10 至 16:05；

（八）第 8 节：16:10 到 17:05。

每周平均学时为 27 学时，包括考试时间。

第三十三条　教学方法

为了使教学切合实际，应注重不断更新教学方法，例如课文、练习、实训、教学理念、实践、项目和论文，以调动学生积极性。所有这些都依赖于现代教学手段，如投影仪、LCD 和视频的使用。

第三十四条　教学组织与改革委员会

为保证教学质量，教学组织与改革委员会由以下人员组成：

（一）主管教学的副校长为主任；

（二）教务处长为副主任；

（三）各系部主任为委员。

为促进教学组织与改革委员会的工作，在各系部成立教学组织与改革委员会小组委员会，成员如下：

（一）各系部主任为小组委员会主任；

（二）各系部主管教学的副主任为小组委员会副主任；

（三）各科任教师为小组委员会成员。

第三十五条　课程

所有专业课程由教学组织与改革委员会和各系部小组委员会组织，与协商委员会协商后并提交董事会批准。工科硕士研究生一年级的科学通识课程与所有系部一样。工程师专业包括头两年基础学年在内的科学通识课程与所有系部一样。

第三十六条　教职人员

每一位教职人员的工作由各系部分配。每个系部投票选举一名代表进入学业与大学生活委员会。

第三十七条　年度日历

每学年从10月开始到第二年6月结束。开学和放假时间由董事会决定。每学年分为两个学期，两学期之间学生放假两周。每学期至少有16个星期。学校期末与学年放假时间由ITC办公室决定。

第三十八条　每周休息

在条件允许的情况下，所有学生每星期三下午休息，星期六、星期日和法定节假日休息。

第三十九条　时间安排表

时间安排表由教务处制定，并在学院内发布。

第四十条　班级管理

在每学年年初，各班投票选出一名代表为协调学生与教授或各部门之间日常教学过程中相关问题的联络人。

第四十一条　教学支持

ITC竭尽所能直接通过教职工为学生提供所学课程的资料副本。ITC将尽可能为学生提供技术类相关书籍的借阅，供学生补充学习。这些书籍的所有权属于学院，学生应在学年结束时归还。ITC还将尽可能为教学提供相应的配套硬件设施。

第七章　考　核

第四十二条　考核的类型

考核的类型，包括期末考试、课堂考试、实训实习报告、毕业报告和家庭作业等，旨在评估对所学知识掌握的真实水平。所有课程都要求安排考核，可以为课堂考试、口试和研究报告等，并由科任教师在系部监督下组织。期末，教务处组织所有科目的期末考核。科任教师有责任在系部组织下开展出卷和评卷任务。所有科目采取匿名出卷的方式。每位科任教师在第一堂课就应对该门课程的考核方式和考核时间进行说明。教务处负责在学期的最后一个教学周组织期末考试。

第四十三条　分数等级

第四十二条中所列考核类型都需要评分，分数等级划分标准如下表所示。

课程分数百分比	等级	学分绩点	划分含义
85%~100%	A	4.00	优秀
80%~84%	B+	3.50	很好
70%~79%	B	3.00	良好
65%~69%	C+	2.50	好
50%~64%	C	2.00	一般
45%~49%	D	1.50	差（不及格）
40%~44%	E	1.00	很差（不及格）
<40%	F	0	不及格

第四十四条　评分和平均分

（一）课程分数。每一门课程每学年都只有一个经不同考核后计算得出的学年分数，每门课程从0~100的学年度分数称为课程分数，按以下百分比计算：

1. 学期出勤分数占 10%；

2. 学期考核分数占 30%；

3. 期末考试成绩占 60%。

学期出勤分数与缺勤次数成比例计算。学期考核分数是学期内各次考核分数按相应的百分比例计算得出的分数，计算方法与期末考核形式应由第四十五条中规定的 ITC 教学质量保证委员会来确定。对于横跨两学期的课程，课程分数按第 1 学期和第 2 学期的课程分数分别乘课程系数来计算。

课程分数按第四十三条中所对应的等级从 A 至 F 进行评分。

（二）实训成绩：

1. 工程师班三年级或四年级学生以及理工类本科二年级学生的实训成绩由两部分组成：一是由实习的国家部门或私立机构考核并评分；二是撰写开题报告。两部分成绩比重按教务处规定的百分比分配。工程师班三年级或四年级学生的实训成绩要纳入四年级或五年级的年平均分计算中，并且占 2 学分。

2. 理工类本科二年级学生的实训成绩纳入三年级的平均计算中，并且占 2 学分。

3. 工程师班五年级毕业班学生及理工类本科三年级学生的实训成绩，应按教务处规定的比重，包含在各国家或私立机构的实习评价、论文开题报告得分以及开题报告答辩得分。工程师班五年级学生的实训成绩纳入五年级的年平均分计算中，并且占 9 学分。

4. 理工类本科三年级学生的实训成绩纳入三年级的年平均分计算中，并且占 5 学分。

各类实训成绩按第四十三条中所对应的等级从 A 至 F 进行评分。

（三）课程系数。课程系数是董事会通过的课程学分。

（四）年平均分。年平均分（M）是每门课程的课程分数（P）乘以课程学分（C）的总和除以总学分：

$$M = \frac{\sum(P \cdot C)}{\sum C}$$

年平均分按第四十三条中所对应的学分绩点从 0 至 4.00 进行评分。

（五）毕业平均分。毕业平均分以最后两年年平均分的算术平均值计算。对于最后两年中有一年在 ITC 校外学习的学生，国外留学的平均分由所修课程的成绩组成，如课程成绩、实训成绩和毕业答辩成绩等。在这种情况下，毕业平均分按国外留学的平均分与 ITC 的平均分的算术平均值计算。毕业平均分按第四十三条中所对应的学分绩点从 0 至 4.00 进行评分。

第八章　学习预警

第四十五条　ITC 教学质量保证委员会

ITC 教学质量保证委员会的人员组成包括：

（一）主管教学的副校长为主任；

（二）教务处长为副主任；

（三）各系部主任为委员。

为了协调 ITC 教学质量保证委员会工作，各系部包括公共基础教研部都要设立系部教学质量保证小组委员会，人员组成包括：

（一）各系部主任为小组委员会主任；

（二）各系主管教学质量的副主任任小组委员会副主任；

（三）各科任教师为小组委员会成员。

第四十六条　升学考试监督委员会及其职责

在每个学年结束，即 7 月时，成立由系部教师组成的监督委员会以审查该学年内学生的学业成绩。该小组由 ITC 教学质量保证委员会组成。监督委员会有权决定：

（一）升级；

（二）补考；

（三）留级；

（四）除名。

监督委员会在 9 月份组织补考，再就学生补考成绩开会讨论。监督委员会有权决定：

（一）补考后的升学；

（二）留级；

（三）除名。

监督委员会在 9 月召开大会就国外留学一年的学生和未能通过毕业论文答辩的学生的毕业问题进行讨论，而后监督委员会在第二年 7 月就是否允许再次答辩进行讨论。监督委员会有独立的特殊评价条件。

第四十七条 课程理事会

课程理事会在每学期期末召开会议，通过学生课程考核结果来审查和评估教学。课程理事会由 ITC 教学质量委员会组成。

第四十八条 升学

学生年平均分高于 50/100（≥50/100）且没有课程分数低于 30/100（<30/100），则可进入下一阶段的学习。

第四十九条 补考

对于年平均分在 40/100（≥40/100）至 50/100（<50/100）或有科目低于 30/100（<30/100）的学生，即便年平均分高于 50/100（≥50/100），也按不及格处理并参加补考。

补考同样适用于经教务处同意或如第十五条中所述，有正当理由缺席毕业考试的学生。

对于年平均分低于 40/100（<40/100）的学生，给予留级还是补考由监督委员会决定，监督委员会需明确补考形式。在必要时，监督委员会对特殊情况有自主决策权。

第五十条 毕业班学生的补考

对于毕业班学生，补考应在实习前由系部按第四十九条组织进行。补考结束后，如若年平均分依旧低于 50/100（<50/100）或仍有科目低于 30/100（<30/100）的，则该学生不允许参加毕业答辩，并且由监督委员会讨论决定留级或再参加该门课程的补考。

对于未能通过毕业答辩的学生，由监督委员会在 7 月讨论再决定是否进行答辩。

第五十一条 补考成绩

补考成绩最高为50/100（=50/100）。补考分数高于原分数的可以替换原分数以便提交给监督委员会按第四十八条重新计算所有分数并重新作出决定。以上条件同样适用于第二轮毕业答辩。

第五十二条 留级

留级适用于年平均分低于40/100（<40/100）的学生。对于补考后年平均分低于50/100（<50/100）或学科成绩低于30/100（<30/100）的学生，即使年平均分高于50/100（≥50/100）也予以留级。除非另有说明，否则每个层次阶段内只允许一次留级。监督委员会对该特殊条款有独立评估权。

第五十三条 毕业

毕业证应由董事会设立的监督委员会授予。为取得理工学士学位、工程师学位和硕士学位，学生必须满足以下要求：

（一）毕业平均分在50/100（≥50/100）以上，且所有科目成绩均高于30/100（<30/100）；

（二）实习和毕业答辩分数在50/100（≥50/100）以上。

第五十四条 毕业成绩

学生的毕业成绩是根据第四十四条第（五）项中所述的学分绩点计算出来的。毕业成绩如第四十三条所述从优秀到一般进行等级划分。

（文献来源：柬埔寨理工大学官网 http://www.itc.edu.kh/index.php/home/academic/internal-rules.html）

后　　记

随着中国—东盟经贸合作与人文交流的深入推进，了解东盟国家大学内部的运行与管理状况显得非常必要。受经济社会发展水平影响，东盟国家高等教育发展水平、大学内部的治理体系以及国际化程度也存在较大的国别差异。本书从政策文本角度出发选择东盟主要国家中实力较强的大学，介绍其大学章程及管理制度，有助于我们更好地了解东盟国家大学内部的治理及管理运行状况，促进中国—东盟高等教育交流与合作，也可为从事东盟国家高等教育研究的学者提供重要的资料参考，具有较强的文献资料价值。

本书是南宁师范大学与广西外国语学院教师合作的成果。本人负责选题的整体设计，组织指导，各章节内容的审核、修改及校对；侯尚宏负责分工组织、协调推进、修改及统稿校对等工作。文本翻译分工如下：罗懿负责第一章新加坡国立大学章程、第二章南洋理工大学章程和第十章新加坡管理大学法案；李碧负责第三章泰国朱拉隆功大学章程；黎阳阳负责第四章泰国玛希隆大学章程；蒲丽灵负责第五章泰国国立法政大学章程和第六章泰国国立清迈大学章程；侯尚宏负责第七章越南河内百科大学章程和第八章胡志明市国家大学章程；黄丹梅负责第九章缅甸仰光大学章程；李坤梅负责第十一章印度尼西亚大学管理制度；卢宏洁、蒙璇负责第十二章老挝国立大学管理制度；张少丹负责第十三章柬埔寨理工大学内部管理条例。冯氏贞、李冬冬、程瑶、刘泗潍、蓝筱梦、廖冬桂、黄绍婧、黄薪妃、邓云斌等为本书的资料收集提供了帮助,在此对他们的辛勤付出表示感谢!也对为本书提供资料的各大学及其管理者的无私奉献表示感谢!受资料查找、语言及翻译能力所限,在翻译过程中根据我们的语言习惯对有些国家的大学章程和管理制度的文本格式进行了微调,难免出现纰漏与错误,敬请大家批评指正。

任初明
2020 年 7 月 16 日